101 CONVERSATIONS IN RUSSIAN

Short Natural Dialogues to Boost Your Confidence & Improve Your Spoken Russian

by Olly Richards

Edited by Connie Au-Yeung & Eleonora Calviello

101 Conversations in Simple Russian: Short Natural Dialogues to Boost Your Confidence & Improve Your Spoken Russian

FREE STORYLEARNING®
KIT

Discover how to learn foreign languages faster & more effectively through the power of story.

Your free video masterclasses, action guides & handy printouts include:

- A simple six-step process to maximise learning from reading in a foreign language

- How to double your memory for new vocabulary from stories

- Planning worksheet (printable) to learn faster by reading more consistently

- Listening skills masterclass: "How to effortlessly understand audio from stories"

- How to find willing native speakers to practise your language with

To claim your FREE StoryLearning® Kit, visit:

www.storylearning.com/kit

WE DESIGN OUR BOOKS TO BE INSTAGRAMMABLE!

Post a photo of your new book to Instagram

using #storylearning and you'll get an entry

into our monthly book giveaways!

Tag us **@storylearningpress** to make sure we see you!

BOOKS BY OLLY RICHARDS

Olly Richards writes books to help you learn languages through the power of story. Here is a list of all currently available titles:

Short Stories in Danish For Beginners

Short Stories in Dutch For Beginners

Short Stories in English For Beginners

Short Stories in French For Beginners

Short Stories in German For Beginners

Short Stories in Icelandic For Beginners

Short Stories in Italian For Beginners

Short Stories in Norwegian For Beginners

Short Stories in Brazilian Portuguese For Beginners

Short Stories in Russian For Beginners

Short Stories in Spanish For Beginners

Short Stories in Swedish For Beginners

Short Stories in Turkish For Beginners

Short Stories in Arabic for Intermediate Learners

Short Stories in English for Intermediate Learners

Short Stories in Italian for Intermediate Learners

Short Stories in Korean for Intermediate Learners

Short Stories in Spanish for Intermediate Learners

101 Conversations in Simple English

101 Conversations in Simple French

101 Conversations in Simple German

101 Conversations in Simple Italian

101 Conversations in Simple Spanish

101 Conversations in Simple Russian

101 Conversations in Intermediate English

101 Conversations in Intermediate French

101 Conversations in Intermediate German

101 Conversations in Intermediate Italian

101 Conversations in Intermediate Spanish

101 Conversations in Mexican Spanish

101 Conversations in Social Media Spanish

World War II in Simple Spanish

All titles are also available as audiobooks. Just search your favourite store!

For more information visit Olly's author page at:
www.storylearning.com/books

ABOUT THE AUTHOR

 Olly Richards is a foreign language expert and teacher. He speaks eight languages and has authored over 30 books. He has appeared in international press, from the BBC and the Independent to El País and Gulf News. He has featured in language documentaries and authored language courses for the Open University.

Olly started learning his first foreign language at the age of 19, when he bought a one-way ticket to Paris. With no exposure to languages growing up, and no natural talent for languages, Olly had to figure out how to learn French from scratch. Twenty years later, Olly has studied languages from around the world and is considered an expert in the field.

Through his books and website, StoryLearning.com, Olly is known for teaching languages through the power of story – including the book you are holding in your hands right now!

You can find out more about Olly, including a library of free training, at his website:

www.storylearning.com

CONTENTS

Introduction xv

How to Use this Book xvii

The Five-Step Reading Process xxiii

ЗАГА́ДКА УКРА́ДЕННЫХ КАРТИ́Н 1

Character Profiles 3

Introduction to the Story 5

1. Ната́ша и Али́са 6

2. Пое́здка на ры́нок 8

3. Изма́йловский ры́нок 10

4. Магази́н Алекса́ндра Ивано́ва 12

5. Не́сколько осо́бенных карти́н 14

6. Отку́да э́ти карти́ны? 16

7. Звоно́к 18

8. Подозри́тельный челове́к 20

9. Но́вости 22

10. Второ́е ограбле́ние 24

11. Али́са и Ната́ша в кафе́ 26

12. Сле́дующий шаг 28

13. В особняке́ Ви́ктора Тро́ицкого 30

14. Вознагражде́ние 32

15. Ключ 34

16. Рассле́дование 36

17. Неожи́данная встре́ча 38

18. Ви́ктор и Мари́на 40

19. Втора́я колле́кция 42

20. Убо́рщик 44

21. Металли́ческая коро́бка 46

22. Алексе́й 48

23. Садо́вник 50

24. Артём 52

25. Пе́рвый подозрева́емый 54

26. Повара́ 56

27. Разгово́р 58

28. Гуверна́нтка 60

29. Охра́нник 62

30. Денис 64

31. Видеозапись 66

32. Человек на видеозаписи 68

33. Две шляпы 70

34. Выводы 72

35. Наташа и Марина Троицкая возвращаются 74

36. Обещание 76

37. Алиса говорит Наташе о том, что узнала 78

38. Наташа рассказывает Алисе о том, что она узнала 80

39. Это опять он! 82

40. За человеком в шляпе 84

41. Где он? 86

42. Книжный магазин 88

43. Разговор с человеком в шляпе 90

44. «Исторический клуб» 92

45. Что человек в шляпе делал на рынке 94

46. Что человек в шляпе делал после этого 96

47. Подозреваемые 98

48. Человек в шляпе исчезает 100

49. Полина на рынке 102

50. В магазине Александра Иванова 104

51. Память 106

52. Наташа и Алиса думают, что Александр Иванов
ведёт себя странно 108

53. В ресторане 110

54. План 112

55. Снова в доме Виктора Троицкого 114

56. Тест 116

57. Плач 118

58. Признание Марины 120

59. Обмен 122

60. Маленький Немо 124

61. Марине стыдно 126

62. О чём Марина попросила Александра Иванова 128

63. Прощение 130

64. Полиция 132

65. Телефонный звонок 134

66. Встреча на площади 136

67. У Никола́я Комаро́ва есть план 138

68. Вопро́сы 140

69. Но́вый подозрева́емый 142

70. Где Алексе́й Беля́ев? 144

71. Но́вая информа́ция 146

72. Пое́здка в Тверь 148

73. Фестива́ль иску́сств в Твери́ 150

74. По́иск 152

75. Алексе́й Беля́ев 154

76. Исто́рия Алексе́я Беля́ева 156

77. Звоно́к, кото́рого не́ было 158

78. Обма́н 160

79. Пое́здка в Москву́ 162

80. Побе́г 164

81. За Алекса́ндром Ивано́вым 166

82. Велосипе́ды 168

83. Алекса́ндр Ивано́в в такси́ 170

84. План 172

85. Ната́ша отвлека́ет Алекса́ндра 174

86. Спор 176

87. Пистоле́т 178

88. Михаи́л 180

89. Портфе́ль 182

90. Алекса́ндр Ивано́в прихо́дит в себя́ 184

91. Алекса́ндр Ивано́в уезжа́ет с полице́йскими 186

92. Возвраще́ние карти́н 188

93. Ви́ктор Тро́ицкий отдаёт свою́ колле́кцию 190

94. А тепе́рь – вознагражде́ние! 192

95. Откры́тие 194

96. Предложе́ние 196

97. Второ́е предложе́ние 198

98. Тост Ви́ктора Тро́ицкого 200

99. Ка́рта 202

100. Осо́бенное приглаше́ние 204

101. Ещё оди́н звоно́к 206

INTRODUCTION

If you've ever tried speaking Russian with a stranger, chances are it wasn't easy! You might have felt tongue-tied when you tried to recall words or verb conjugations. You might have struggled to keep up with the conversation, with Russian words flying at you at 100mph. Indeed, many students report feeling so overwhelmed with the experience of speaking Russian in the real world that they struggle to maintain motivation. The problem lies with the way Russian is usually taught. Textbooks and language classes break Russian down into rules and other "nuggets" of information in order to make it easier to learn. But that can leave you with a bit of a shock when you come to actually speak Russian out in the real world: "People don't speak like they do in my textbooks!" That's why I wrote this book.

101 Conversations in Simple Russian prepares you to speak Russian in the real world. Unlike the contrived and unnatural dialogues in your textbook, the 101 authentic conversations in this book offer you simple but authentic spoken Russian that you can study away from the pressure of face-to-face conversation. The conversations in this book tell the story of six people in Moscow. You'll experience the story by following the conversations the characters have with one another. Written entirely in spoken Russian, the conversations give you the authentic experience of reading real Russian in a format that is convenient and accessible for a beginner (A2 on the Common European Framework of Reference).

The extensive, story-based format of the book helps you get used to spoken Russian in a natural way, with the words and phrases you see gradually emerging in your own spoken Russian as you learn them naturally through your reading. The book is packed with engaging learning material including short dialogues that you can finish in one sitting, helpful English definitions of difficult words, scene-setting introductions to each chapter to help you follow along, and a story that will have you gripped until the end. These learning features allow you to learn and absorb new words and phrases, and then activate them so that, over time, you can remember and use them in your own spoken Russian. You'll never find another way to get so much practice with real, spoken Russian!

Suitable for beginners and intermediate learners alike, *101 Conversations in Simple Russian* is the perfect complement to any Russian course and will give you the ultimate head start for using Russian confidently in the real world! Whether you're new to Russian and looking for an entertaining challenge, or you have been learning for a while and want to take your speaking to the next level, this book is the biggest step forward you will take in your Russian this year.

If you're ready, let's get started!

HOW TO USE THIS BOOK

There are many possible ways to use a resource such as this, which is written entirely in Russian. In this section, I would like to offer my suggestions for using this book effectively, based on my experience with thousands of students and their struggles.

There are two main ways to work with content in a foreign language:

1. Intensively

2. Extensively

Intensive learning is when you examine the material in great detail, seeking to understand all the content - the meaning of vocabulary, the use of grammar, the pronunciation of difficult words, etc. You will typically spend much longer with each section and, therefore, cover less material overall. Traditional classroom learning, generally involves intensive learning. *Extensive* learning is the opposite of intensive. To learn extensively is to treat the material for what it is – not as the object of language study, but rather as content to be enjoyed and appreciated. To read a book for pleasure is an example of extensive reading. As such, the aim is not to stop and study the language that you find, but rather to read (and complete) the book.

There are pros and cons to both modes of study and, indeed, you may use a combination of both in your approach. However, the "default mode" for most people is to study *intensively.* This is because there is the inevitable temptation to investigate anything you do not understand in the pursuit of progress and hope to eliminate all mistakes. Traditional language education trains us to do this. Similarly, it is not obvious to many readers how extensive study can be effective. The uncertainty and ambiguity can be uncomfortable: "There's so much I don't understand!"

In my experience, people have a tendency to drastically overestimate what they can learn from intensive study, and drastically underestimate what they can gain from extensive study. My observations are as follows:

- **Intensive learning**: Although it is intuitive to try to "learn" something you don't understand, such as a new word, there is no guarantee you will actually manage to "learn" it! Indeed, you will be familiar with the feeling of trying to learn a new word, only to forget it shortly afterwards! Studying intensively is also time-consuming meaning you can't cover as much material.

- **Extensive learning**: By contrast, when you study extensively, you cover huge amounts of material and give yourself exposure to much more content in the language than you otherwise would. In my view, this is the primary benefit of extensive learning. Given the immense size of the task of learning a foreign language, extensive learning is the only way to give yourself the exposure to the language that you need in order to stand a chance of acquiring it. You simply can't learn everything you need in the classroom!

When put like this, extensive learning may sound quite compelling! However, there is an obvious objection: "But how do I *learn* when I'm not looking up or memorising things?" This is an understandable doubt if you are used to a traditional approach to language study. However, the truth is that you can learn an extraordinary amount *passively* as you read and listen to the language, but only if you give yourself the opportunity to do so! Remember, you learned your mother tongue passively. There is no reason you shouldn't do the same with a second language!

Here are some of the characteristics of studying languages extensively:

Aim for completion When you read material in a foreign language, your first job is to make your way through from beginning to end. Read to the end of the chapter or listen to the entire audio without worrying about things you don't understand. Set your sights on the finish line and don't get distracted. This is a vital behaviour to foster because it trains you to enjoy the material before you start to get lost in the details. This is how you read or listen to things in your native language, so it's the perfect thing to aim for!

Read for gist The most effective way to make headway through a piece of content in another language is to ask yourself: "Can I follow the gist of what's going on?" You don't need to understand every word, just the main ideas. If you can, that's enough! You're set! You can understand and enjoy a great amount with gist alone, so carry on through the material and enjoy the feeling of making progress! If the material is so hard that you struggle to understand even the gist, then my advice for you would be to consider easier material.

Don't look up words As tempting as it is to look up new words, doing so robs you of time that you could spend reading the material. In the extreme, you can spend so long looking up words that you never finish what you're reading. If you come across a word you don't understand… Don't worry! Keep calm and carry on. Focus on the goal of reaching the end of the chapter. You'll probably see that difficult word again soon, and you might guess the meaning in the meantime!

Don't analyse grammar Similarly to new words, if you stop to study verb tenses or verb conjugations as you go, you'll never make any headway with the material. Try to *notice* the grammar that's being used (make a mental note) and carry on. Have you spotted some unfamiliar grammar? No problem. It can wait. Unfamiliar grammar rarely prevents you from understanding the gist of a passage but can completely derail your reading if you insist on looking up and studying every grammar point you encounter. After a while, you'll be surprised by how this "difficult" grammar starts to become "normal"!

You don't understand? Don't worry! The feeling you often have when you are engaged in extensive learning is: "I don't understand". You may find an entire paragraph that you don't understand or that you find confusing. So, what's the best response? Spend the next hour trying to decode that difficult paragraph? Or continue reading regardless? (Hint: It's the latter!) When you read in your mother tongue, you will often skip entire paragraphs you find boring, so there's no need to feel guilty about doing the same when reading Russian. Skipping difficult passages of text may feel like cheating, but it can, in fact, be a mature approach to reading that allows you to make progress through the material and, ultimately, learn more.

If you follow this mindset when you read Russian, you will be training yourself to be a strong, independent Russian learner who doesn't have to rely on a teacher or rule book to make progress and enjoy learning. As you will have noticed, this approach draws on the fact that your brain can learn many things naturally, without conscious study. This is something that we appear to have forgotten with the formalisation of the education system. But, speak to any accomplished language learner and they will confirm that their proficiency in languages comes not from their ability to memorise grammar rules, but from the time they spend reading, listening to, and speaking the language, enjoying the process, and integrating it into their lives.

So, I encourage you to embrace extensive learning, and trust in your natural abilities to learn languages, starting with… The contents of this book!

THE FIVE-STEP READING PROCESS

Here is my suggested five-step process for making the most of each conversation in this book:

1. Read the short introduction to the conversation. This is important, as it sets the context for the conversation, helping you understand what you are about to read. Take note of the characters who are speaking and the situation they are in. If you need to refresh your memory of the characters, refer to the character introductions at the front of the book.

2. Read the conversation all the way through without stopping. Your aim is simply to reach the end of the conversation, so do not stop to look up words and do not worry if there are things you do not understand. Simply try to follow the gist of the conversation.

3. Go back and read the same conversation a second time. If you like, you can read in more detail than before, but otherwise simply read it through one more time, using the vocabulary list to check unknown words and phrases where necessary.

4. By this point, you should be able to follow the gist of the conversation. You might like to continue to read the same conversation a few more times until you feel confident. This is time well-spent and with each repetition you will gradually build your understanding of the content.

5. Move on! There is no need to understand every word

in the conversation, and the greatest value to be derived from the book comes from reading it through to completion! Move on to the next conversation and do your best to enjoy the story at your own pace, just as you would any other book.

At every stage of the process, there will inevitably be words and phrases you do not understand or passages you find confusing. Instead of worrying about the things you *don't* understand, try to focus instead on everything that you *do* understand, and congratulate yourself for the hard work you are putting into improving your Russian.

ЗАГА́ДКА УКРА́ДЕННЫХ КАРТИ́Н

(The Mystery of the Stolen Drawings)

Translated by Nadezhda Ryazhko

CHARACTER PROFILES

Natasha

Natasha is a very observant and curious young woman. She studied History of Art at Oxford University in England. Her parents are Russian but she has lived in England all of her life. She loves to read, visit museums and draw.

Alyssa

Alyssa is a 28-year-old writer who writes mystery novels for an important Russian publishing company. She lives in England, with Natasha, but she loves to travel in Russia, her native country. Unlike Natasha, she does not like history and does not know much about art. She prefers reading detective novels, watching horror movies and loves the outdoors.

Victor Troitsky

Victor Troitsky is a wealthy middle-aged man. He is the father of a young girl, named Marina. Victor has always been an avid art collector and his most prized collection contains a number of important 18th century Russian art works, including a number of paintings by the legendary Russian artist, Ilya Repin.

Marina Troitskaya

Marina is the daughter of Victor and she has inherited his love for collections. Marina's greatest passion is her collection of rare comics, which she passes her days reading in her bedroom.

Alexander Ivanov

Alexander Ivanov is an antiques dealer who has a shop in one of Moscow's oldest antiques markets. Alexander is known for not being picky about the objects he receives. He will accept stolen objects and is just as ready to swindle the sellers he obtains objects from as he is to prey on innocent buyers. However, Alexander doesn't know very much about art, so he would not be capable of recognising a truly valuable work, even if it was right under his nose.

The Man In The Hat

This mysterious character has been seen visiting Moscow's antiques market and museums a lot lately. Nobody knows much about him, except that he seems to have a passion for art and history and he always keeps the brim of his hat down so it is hard to catch a clear glimpse of his face.

INTRODUCTION TO THE STORY

Natasha, a young art historian, travels to Russia with her friend, Alyssa.

One day, while wandering through an antiques market in Moscow, the friends see a collection of beautiful paintings which immediately draw Natasha's attention. Before long, Natasha recognises one of the paintings as an original work by the legendary Russian painter Ilya Repin. But why would one of Repin's paintings be on sale in an old antiques market?

Natasha and Alice decide to speak with the owner of the market stall to find out. The stall owner, Alexander Ivanov, tells them that a few days ago, a strange man sold him the paintings. He explains however, that he did not realise they were original works and that he did not pay very much for them. Natasha begins to worry, realising that the artwork must be stolen.

Alexander promises the girls that he will contact a friend who is an expert in Russian art and ask him to examine the paintings and verify their authenticity. He tells them that if the paintings turn out to be stolen, he will call the police the next day to report the crime. Natasha and Alyssa decide to take Alexander at his word and leave the market, promising to return the next day to find out what happens. But as they leave, neither of them can shake the feeling that something is not right about the whole situation....

1. НАТА́ША И АЛИ́СА

Ната́ша и Али́са в о́тпуске в Москве́. Они́ вме́сте учи́лись в университе́те и зна́ют друг дру́га уже́ мно́го лет. Ната́ша – исто́рик иску́сства, а Али́са пи́шет детекти́вы. Они́ в оте́ле в пе́рвый день своего́ путеше́ствия. Пого́да со́лнечная и жа́ркая.

Али́са: До́брое у́тро, Ната́ша! Ты хорошо́ спала́?

Ната́ша: Да, отли́чно! А ты?

Али́са: Я то́же. Ну, что хо́чешь де́лать сего́дня?

Ната́ша: Хмм... Мо́жет быть, пойдём на ры́нок?

Али́са: Отли́чная иде́я! На продукто́вый ры́нок?

Ната́ша: Нет, я хочу́ пойти́ на антиква́рный ры́нок.

Али́са: Дава́й! Ты зна́ешь каки́е-нибу́дь антиква́рные ры́нки в Москве́?

Ната́ша: Нет, но я сейча́с посмотрю́ в Интерне́те. Есть оди́н, он называ́ется «Изма́йловский».

Али́са: Он рабо́тает в суббо́ту?

Ната́ша: Да, он открыва́ется ра́но у́тром. Сейча́с 11 утра́.

Али́са: Отли́чно! Где э́то?

Ната́ша: Дово́льно далеко́, на ста́нции метро́ «Партиза́нская». Э́то на восто́ке Москвы́. Мы мо́жем пое́хать на такси́.

Али́са: Да, согла́сна. Ну, пойдём!

Но́вые слова́

исто́рик иску́сства art historian
жа́ркий hot
антиква́рный ры́нок antiques market
како́й-нибу́дь some
он называ́ется it's called
дово́льно далеко́ quite far
Я согла́сна I agree (f.)

2. ПОЕ́ЗДКА НА РЫ́НОК

Ната́ша и Али́са выхо́дят из оте́ля и зака́зывают такси́, что́бы пое́хать на Изма́йловский антиква́рный ры́нок.

Ната́ша: Ты ви́дишь на́шу маши́ну?

Али́са: Да, вон она́! Всё хорошо́, води́тель нас ви́дит.

Ната́ша: Здра́вствуйте!

Такси́ст: Здра́вствуйте! На Изма́йловский ры́нок, пра́вильно?

Али́са: Да, всё пра́вильно.

Такси́ст: Ну, сади́тесь. Э́то отли́чный ры́нок, там есть всё! Что хоти́те купи́ть?

Ната́ша: Я исто́рик иску́сства и люблю́ антиквариа́т.

Такси́ст: Интере́сно! В Москве́ мно́го иску́сства. А вы то́же исто́рик?

Али́са: Нет, я писа́тельница.

Такси́ст: Ого́! Каки́е кни́ги вы пи́шете?

Али́са: Я пишу́ детекти́вы.

Такси́ст: О́чень интере́сно! На Изма́йловском ры́нке мо́жно найти́ мно́го зага́дочных исто́рий...

Али́са: Пра́вда?

Такси́ст: Коне́чно! На э́том ры́нке мно́го укра́денных веще́й…

Но́вые слова́

пое́здка trip, journey
зака́зывать такси́ to order a taxi
води́тель driver
писа́тельница writer (f.)
зага́дочный mysterious
укра́денный stolen

3. ИЗМА́ЙЛОВСКИЙ РЫ́НОК

Ната́ша и Али́са приезжа́ют на Измайловский ры́нок.

Али́са: Ого́! Ната́ша, посмотри́ на всё э́то!

Ната́ша: Невероя́тно! Здесь сто́лько магази́нов и так мно́го люде́й!

Али́са: Посмотри́ на э́ти часы́! Они́ антиква́рные?

Ната́ша: Да, ка́жется, они́ о́чень ста́рые.

Али́са: А э́та карти́на? Э́то оригина́л?

Ната́ша: Да, похо́же, э́то оригина́л.

Али́са: Как ты ду́маешь, она́ дорога́я?

Ната́ша: Ду́маю, нет. Дава́й спро́сим. До́брый день! Ско́лько сто́ит э́та карти́на?

Продаве́ц: Здра́вствуйте. Э́та – четы́ре ты́сячи рубле́й. Хоти́те её купи́ть?

Али́са: Спаси́бо, мы пока́ про́сто смо́трим.

Ната́ша: А э́ти часы́, ско́лько они́ сто́ят?

Продаве́ц: Часы́ сто́ят де́сять ты́сяч. Они́ о́чень ста́рые.

Ната́ша: Спаси́бо!

Али́са: Как ты ду́маешь, они́ укра́денные?

Ната́ша: Не зна́ю. Мо́жет быть! Мы ника́к не смо́жем узна́ть.

Али́са: Посмотри́ на э́тот магази́нчик. Он вы́глядит интере́сно. Дава́й зайдём?

Ната́ша: Коне́чно, дава́й.

Новые слова

невероя́тно incredible, amazing
дава́й спро́сим let's ask
магази́нчик small shop
Он вы́глядит интере́сно It looks interesting
дава́й зайдём let's go in

4. МАГАЗИ́Н АЛЕКСА́НДРА ИВАНО́ВА

Ната́ша и Али́са захо́дят в ма́ленький антиква́рный магази́н на Изма́йловском ры́нке.

Алекса́ндр Ивано́в: До́брый день!

Ната́ша и Али́са: До́брый день!

Алекса́ндр Ивано́в: Добро́ пожа́ловать! Меня́ зову́т Алекса́ндр Ивано́в. Е́сли бу́дут вопро́сы – говори́те.

Ната́ша: Прия́тно познако́миться! Мы пока́ про́сто смо́трим.

Алекса́ндр Ивано́в: Хорошо́!

Али́са: Ого́, ско́лько краси́вых веще́й! Так мно́го ра́зных произведе́ний иску́сства. Тебе́ они́ нра́вятся?

Ната́ша: Да, всё э́то о́чень краси́во! Карти́ны, скульпту́ры, рису́нки, кни́ги… Да́же ко́миксы!

Али́са: Ду́маешь, здесь есть укра́денные ве́щи?

Ната́ша: Ха-ха-ха! Не зна́ю. Почему́ ты спра́шиваешь?

Али́са: Мне нра́вятся зага́дочные исто́рии!

Ната́ша: Не ду́маю, что здесь мно́го зага́дочных исто́рий, Али́са, здесь то́лько произведе́ния иску́сства… Подожди́! Посмотри́ на э́то! Не могу́ пове́рить!

Но́вые слова́

заходи́ть to go in, enter
добро́ пожа́ловать welcome
вещь item
ра́зные произведе́ния иску́сства different works of art
рису́нки drawings
да́же even
Не могу́ пове́рить! I can't believe it!

5. НЕСКОЛЬКО ОСОБЕННЫХ КАРТИН

В магазинчике на Измайловском рынке Наташа видит картины, которые её очень интересуют.

Наташа: Я знаю эти картины! Их нарисовал Репин.

Алиса: Кто такой Репин?

Наташа: Илья Репин – это русский художник XIX века. Он был одним из самых важных художников в русской истории!

Алиса: Ого! Ты уверена, что это его картины?

Наташа: Да, уверена. Я изучала его в университете.

Алиса: Думаешь, это оригиналы?

Наташа: Да, я почти уверена. Они похожи на оригиналы... Но я не могу в это поверить! Почему они здесь? Они стоят всего восемь тысяч рублей!

Алиса: Они должны быть в музее?

Наташа: Да, они должны быть в музее или в галерее.

Алиса: Что будем делать?

Наташа: Не знаю. Давай спросим владельца магазина?

Алиса: Да, это хорошая идея!

осо́бенный special
Кто тако́й…? Who is…?
худо́жник artist
Они́ похо́жи на… They look like…
всего́ во́семь ты́сяч only eight thousand
владе́лец owner

6. ОТКУДА ЭТИ КАРТИНЫ?

Наташа и Алиса показывают Александру Иванову картины, которые они увидели у него в магазине, и Наташа говорит ему, что, скорее всего, это оригиналы картин Репина.

Александр Иванов: Вы говорите, что это картины Репина?!

Наташа: Да, я почти уверена. Я историк искусства. Я знаю произведения Репина. Я знаю его картины и эскизы. Это точно Репин.

Александр Иванов: Я не могу в это поверить!

Алиса: Что эти картины здесь делают? Откуда они?

Александр Иванов: Я не знаю. Мне приносят много произведений искусства. Я покупаю их и продаю людям, которые приходят в магазин.

Алиса: Вы помните, кто принёс вам эти картины?

Александр Иванов: Да, это был мужчина. Но я не помню, как он выглядел.

Алиса: Когда он вам их принёс?

Александр Иванов: Сегодня утром. Несколько часов назад.

Ната́ша: Вы ду́маете, э́то укра́денные карти́ны?

Алекса́ндр Ивано́в: Возмо́жно!

Но́вые слова́

пока́зывать to show
произведе́ния works
эски́зы sketches
приноси́ть to bring
Как он вы́глядел? What he looked like?
Возмо́жно! It's possible!

7. ЗВОНОК

Александр Иванов говорит Наташе и Алисе о своей идее: он придумал, что делать с картинами Репина.

Алиса: Что будем делать?

Александр Иванов: У меня есть идея! У меня тоже есть друг – историк искусства. Он эксперт по русскому искусству. Его зовут Алексей Беляев. Он точно может сказать, Репин это или нет. Если это картины Репина, мы позвоним в полицию.

Наташа: Да, звучит отлично.

Алиса: Хорошая идея.

Александр Иванов: Я позвоню ему прямо сейчас. Алло? Алексей? Мне нужна твоя помощь. Можешь прийти ко мне в магазин? У меня есть несколько картин, и, кажется, это оригиналы Репина. Да, Ильи Репина! Хорошо, увидимся. Пока!

Алиса: Ваш друг скоро придёт?

Александр Иванов: Он сказал, что сегодня он не в городе. Но он придёт завтра. Хотите тоже прийти?

Наташа: Да, звучит отлично. Я хочу познакомиться с экспертом и вместе посмотреть на эти картины.

Александр Иванов: Хорошо, тогда до завтра.

Наташа и Алиса: До завтра!

Новые слова

экспе́рт по ру́сскому иску́сству an expert in Russian art
звоно́к call
приду́мать to come up with
по́мощь help
уви́димся see you

8. ПОДОЗРИТЕЛЬНЫЙ ЧЕЛОВЕК

Наташа и Алиса выходят из магазина и хотят вернуться в отель. Когда они вызывают такси, Алиса говорит Наташе, что в магазине был странный человек.

Алиса: В магазине был очень странный человек.

Наташа: Ты имеешь в виду Александра Иванова?

Алиса: Нет. Там был другой человек, клиент.

Наташа: Как он выглядел?

Алиса: Он был высоким и носил шляпу. Вот он! Он выходит из магазина.

Наташа: Он подозрительный?

Алиса: Да, немного. Он точно очень странный...

Наташа: Думаешь, он вор?

Алиса: Не знаю, но я волнуюсь.

Наташа: Почему ты волнуешься?

Алиса: Потому что этот человек в шляпе знает, что в магазине есть дорогие картины.

Ты име́ешь в виду́... You mean...
подозри́тельный suspicious
стра́нный strange
носи́ть шля́пу to wear a hat
вор thief
волнова́ться to be worried

9. НОВОСТИ

На следующий день Алиса и Наташа смотрят телевизор в отеле. Журналист сообщает срочные новости.

Журналист: В центре Москвы украли произведения искусства! Ценные картины Репина исчезли из частной коллекции.

Наташа: Не могу поверить! Это три картины из магазина!

Алиса: Да, это они! На этих картинах тоже река, маленький мальчик и женщина в красивом платье.

Журналист: Пока никто не знает, где вор, и никто не знает, где картины. Коллекционер, Виктор Троицкий, гарантирует большое вознаграждение тому, кто вернёт его картины. Полиция проводит расследование.

Наташа: Что будем делать?

Алиса: Позвоним в полицию?

Наташа: Нет, давай пойдём в магазин Александра Иванова. Позвоним в полицию оттуда.

Алиса: Хорошо, давай. Если мы сделаем так, никто не подумает, что это он украл картины.

сообща́ть to announce
сро́чные но́вости breaking news
укра́сть to steal
це́нный valuable
исче́знуть to disappear
ча́стная колле́кция private collection
проводи́ть рассле́дование to investigate
вознагражде́ние reward
верну́ть to return

10. ВТОРОЕ ОГРАБЛЕНИЕ

Когда Наташа и Алиса приходят в магазин, они видят, что полиция уже там. Окна магазина разбиты. Александр Иванов очень расстроен.

Наташа: Здравствуйте, Александр!

Александр Иванов: А, вы здесь! Детектив, вот женщина, которая была здесь вчера.

Алиса: Что происходит?

Александр Иванов: Это свидетели; картины были здесь вчера. Кто-то украл их из магазина!

Наташа: Правда?

Александр Иванов: Она историк искусства. Она знает, что это точно были картины Репина.

Наташа: Да, я уверена. Это картины из частной коллекции Виктора Троицкого! Об этом говорят во всех новостях.

Николай Комаров: Здравствуйте, я Николай Комаров, детектив. Приятно познакомиться. Вы знаете, кто вор?

Наташа: Нет, я не знаю.

Алиса: Может быть, это человек в шляпе.

Николай Комаров: Человек в шляпе?

Али́са: Да, вчера́ в магази́не был подозри́тельный челове́к в шля́пе.

Никола́й Комаро́в: Хорошо́, мы должны́ узна́ть бо́льше о нём!

Новые слова

ограбле́ние robbery
о́кна разби́ты windows are broken
расстро́ен upset (m.)
свиде́тель witness (m.)
вор thief

11. АЛИ́СА И НАТА́ША В КАФЕ́

Ната́ша и Али́са иду́т в кафе́ и разгова́ривают об укра́денных карти́нах.

Официа́нт: До́брое у́тро, что вам принести́?

Ната́ша: До́брое у́тро. Мне, пожа́луйста, ко́фе с молоко́м.

Али́са: А мне, пожа́луйста, бли́нчик с джéмом.

Официа́нт: Отли́чно! Сейча́с принесу́.

Ната́ша: Что ду́маешь об э́той ситуа́ции?

Али́са: Ну.... Здесь два ограбле́ния. Вчера́ кто-то укра́л карти́ны из до́ма Ви́ктора Тро́ицкого. Сего́дня... Или про́шлой но́чью, кто-то укра́л их из магази́на Алекса́ндра Ивано́ва.

Ната́ша: Ты ду́маешь, э́то сде́лал оди́н и тот же челове́к?

Али́са: Мо́жет быть! Возмо́жно, челове́к, кото́рый укра́л карти́ны у Ви́ктора Тро́ицкого, не знал, ско́лько они́ сто́ят. Они́ о́чень дороги́е, но он про́дал их дёшево. Когда́ он услы́шал об ограбле́нии в новостя́х, он узна́л их настоя́щую це́ну, верну́лся в магази́н и укра́л их второ́й раз.

Ната́ша: Мо́жет быть, там был второ́й вор.

Али́са: Э́то пра́вда. Кто́-то, кто слы́шал наш разгово́р в магази́не.

Ната́ша: Наприме́р, тот стра́нный челове́к в шля́пе?

Новые слова

принести́ to bring
бли́нчик small pancake
оди́н и тот же челове́к the same person
настоя́щая цена́ real price
верну́ться to come back

12. СЛЕДУЮЩИЙ ШАГ

Официа́нт прино́сит Али́се и Ната́ше их зака́з. В новостя́х говоря́т об ограбле́нии особняка́ Ви́ктора Тро́ицкого.

Али́са: Спаси́бо. А вы мо́жете принести́ нам са́хар?

Официа́нт: Коне́чно, сейча́с.

Али́са: Что бу́дем де́лать?

Ната́ша: Ничего́! Почему́ ты хо́чешь что́-то де́лать? Детекти́в Никола́й Комаро́в рабо́тает над э́тим.

Али́са: Но э́то ве́село! Я ду́маю, мы должны́ пойти́ в дом Ви́ктора Тро́ицкого.

Официа́нт: Извини́те, что меша́ю, но Ви́ктор Тро́ицкий живёт не в до́ме. Он живёт в особняке́!

Ната́ша: Он бога́тый?

Официа́нт: Да, о́чень бога́тый. У него́ огро́мная колле́кция произведе́ний иску́сства.

Али́са: Вы зна́ете, где он живёт?

Официа́нт: Коне́чно! Его́ особня́к недалеко́ от ста́нции метро́ «Театра́льная». Вы сра́зу его́ уви́дите.

Али́са: Счёт, пожа́луйста!

Новые слова

сле́дующий шаг the next step
зака́з order
особня́к mansion
ничего́ nothing
меша́ть to bother
огро́мный huge
сра́зу right away

13. В ОСОБНЯКЕ ВИКТОРА ТРОИЦКОГО

После завтрака Алиса и Наташа едут в особняк Виктора Троицкого, чтобы узнать больше об ограблении. Они звонят в дверь и знакомятся с Виктором.

Виктор Троицкий: Вы журналисты?

Наташа: Нет, мы не журналисты. Мы видели ваши картины в магазине на Измайловском рынке.

Виктор Троицкий: Вы узнали эти картины?

Наташа и Алиса: Да!

Виктор Троицкий: Как это возможно?

Наташа: Я историк искусства. Я обожаю Репина. Когда я увидела эти картины в магазине Александра Иванова, я сразу их узнала! Мы много изучали Репина в университете, и я всегда узнаю его произведения.

Виктор Троицкий: Вы тоже историк искусства?

Алиса: Нет. Я писательница.

Виктор Троицкий: О чём вы пишете?

Алиса: Я пишу истории о загадках, ограблениях и преступлениях. Я люблю решать загадки.

Ви́ктор Тро́ицкий: Отли́чно! Заходи́те. Хоти́те что́-нибудь вы́пить?

Но́вые слова

звони́ть в дверь to ring the doorbell
узна́ть to recognise
обожа́ть to adore
зага́дка mystery
преступле́ние crime
реша́ть to solve
заходи́те come in
Хоти́те что́-нибудь вы́пить? Would you like something to drink?

14. ВОЗНАГРАЖДЕ́НИЕ

Все сидя́т в гости́ной. Али́са спра́шивает Ви́ктора Тро́ицкого об укра́денных карти́нах.

Али́са: Когда́ случи́лось ограбле́ние?

Ви́ктор Тро́ицкий: В суббо́ту, вчера́. Я зна́ю, потому́ что я ви́дел карти́ны ве́чером в пя́тницу. Вчера́ днём их уже́ не́ было.

Али́са: Вы позвони́ли в поли́цию?

Ви́ктор Тро́ицкий: Коне́чно, сра́зу.

Али́са: Вы позвони́ли на телеви́дение то́же?

Ви́ктор Тро́ицкий: Да. Я ду́маю, лу́чше, когда́ все зна́ют. Так я могу́ предложи́ть вознагражде́ние.

Ната́ша: Вы дади́те вознагражде́ние тому́, кто найдёт карти́ны?

Ви́ктор Тро́ицкий: Да, коне́чно. Я предлага́ю сто ты́сяч рубле́й. Об э́том сказа́ли сего́дня в новостя́х.

Али́са: Нас не интересу́ют ва́ши де́ньги. Мы про́сто хоти́м помо́чь.

Ната́ша: Э́то пра́вда. Нам не нужны́ де́ньги. Мы беспоко́имся то́лько об иску́сстве.

Али́са: И о зага́дках!

Ната́ша: И о зага́дках, коне́чно!

Новые слова

гости́ная living room
телеви́дение TV (television)
предлага́ть / предложи́ть to offer
беспоко́иться to care, to worry

15. КЛЮЧ

Ви́ктор Тро́ицкий расска́зывает Али́се и Ната́ше всё об ограбле́нии, что́бы они́ помогли́ верну́ть укра́денные карти́ны.

Али́са: Где́ вы храни́ли свою́ колле́кцию?

Ви́ктор Тро́ицкий: В большо́й ко́мнате на второ́м этаже́. Дава́йте пойдём наве́рх, я вам её покажу́.

Али́са: На две́ри в ко́мнату есть замо́к?

Ви́ктор Тро́ицкий: Коне́чно.

Али́са: У кого́ есть ключ?

Ви́ктор Тро́ицкий: То́лько у меня́. Бо́льше ни у кого́.

Али́са: Где вы храни́те ключ?

Ви́ктор Тро́ицкий: Здесь, на золото́й цепо́чке. Я всегда́ ношу́ её на ше́е.

Ната́ша: Ого́! Это прекра́сная ко́мната. Ско́лько здесь карти́н!

Али́са: Вы лю́бите иску́сство, Ви́ктор?

Ви́ктор Тро́ицкий: Да, бо́льше всего́ на све́те. Иску́сство – это моя́ жизнь. Я обожа́ю свою́ колле́кцию, и сейча́с я расстро́ен, потому́ что мои́ лу́чшие экспона́ты исче́зли.

ключ key
храни́ть to keep
наве́рх upstairs
показа́ть to show
замо́к lock
золота́я цепо́чка golden chain
бо́льше всего́ на све́те more than anything in the world

16. РАССЛЕДОВАНИЕ

Алиса задаёт вопросы, пока они смотрят на коллекцию произведений искусства.

Алиса: Замок на двери был сломан?

Виктор Троицкий: Нет, полицейские сказали, что ничего не́ было сломано.

Алиса: Значит, кто-то взял ключ.

Виктор Троицкий: Может быть... Это трудно, но возможно.

Алиса: Кто ещё живёт здесь?

Виктор Троицкий: Моя дочь Марина, мой сотрудники и я.

Алиса: Сколько у вас сотрудников?

Виктор Троицкий: Шесть: уборщик, охранник, садовник, два повара и гувернантка моей дочери. Вы думаете, что вор – это кто-то, кто живёт в этом доме?

Алиса: Не знаю. Возможно. Но это кто-то, кто не знает, сколько стоят картины. На Измайловском рынке их продавали всего за восемь тысяч рублей! Но их настоящая цена намного больше.

Виктор Троицкий: Я очень надеюсь, что вор – это не кто-то из моего дома!

Новые слова

расслéдование investigation
задавáть вопрóсы to ask questions
слóман / слóмано broken
взять to take
сотрýдник staff member
убóрщик cleaner (m.)
охрáнник security guard
садóвник gardener
пóвар cook (m.)
гувернáнтка nanny, governess

17. НЕОЖИ́ДАННАЯ ВСТРЕ́ЧА

Пока́ Али́са задаёт вопро́сы Ви́ктору, в ко́мнату захо́дит де́вочка. Ей двена́дцать лет. Она́ высо́кая блонди́нка; у неё ка́рие глаза́.

Ви́ктор Тро́ицкий: Мари́на! Иди́ сюда́. Я хочу́ познако́мить тебя́ с э́тими же́нщинами. Они́ о́чень прия́тные и интеллиге́нтные. Э́то Ната́ша, она́ исто́рик иску́сства. Она́ обожа́ет иску́сство, как и мы.

Мари́на Тро́ицкая: Здра́вствуйте, Ната́ша.

Ната́ша: Здра́вствуй, Мари́на, прия́тно познако́миться с тобо́й.

Ви́ктор Тро́ицкий: А э́то Али́са. Она́ писа́тельница и мно́го зна́ет об ограбле́ниях и зага́дочных исто́риях.

Али́са: Прия́тно познако́миться.

Мари́на Тро́ицкая: Мне то́же.

Ви́ктор Тро́ицкий: Они́ ви́дели карти́ны на Изма́йловском ры́нке и тепе́рь помога́ют нам их найти́... И пойма́ть во́ра!

Мари́на Тро́ицкая: Вы зна́ете, кто укра́л карти́ны?!

Али́са: Нет, ещё нет. Но я уве́рена, что мы э́то узна́ем.

Мари́на Тро́ицкая: У вас уже́ есть иде́и?

Али́са: Да, есть не́сколько иде́й... Подожди́, а как ты зашла́ в э́ту ко́мнату? У тебя́ то́же есть ключ?

Ви́ктор Тро́ицкий: Ах да, я забы́л сказа́ть об э́том. Мари́на – э́то еди́нственный челове́к, у кото́рого то́же есть ключ.

Новые слова

неожи́данная встре́ча unexpected meeting
ка́рие глаза́ brown eyes
забы́ть to forget
еди́нственный the only one

18. ВИ́КТОР И МАРИ́НА

Али́са и Ната́ша говоря́т с Ви́ктором и Мари́ной о том, как исче́зли карти́ны.

Али́са: Мари́на, кто́-нибудь брал у тебя́ ключ?

Мари́на Тро́ицкая: Нет... Он всегда́ у меня́.

Ви́ктор Тро́ицкий: Мари́на о́чень осторо́жная. Она́ зна́ет, что моя́ колле́кция о́чень ва́жная. Пра́вда, Мари́на? У неё да́же есть своя́ колле́кция.

Мари́на Тро́ицкая: Да, у меня́ есть колле́кция ко́миксов.

Али́са: Колле́кция ко́миксов?

Мари́на Тро́ицкая: Да, у меня́ мно́го ко́миксов со все́х стран ми́ра! Из США, Япо́нии, Фра́нции, Аргенти́ны. У меня́ есть и но́вые, и ста́рые ко́миксы.

Ната́ша: О́чень интере́сно! Я обожа́ю ко́миксы. Мо́жно посмотре́ть на твою́ колле́кцию?

Мари́на Тро́ицкая: Да, коне́чно. Идёмте в мою́ ко́мнату, я вам покажу́.

брать to take
исчéзнуть to disappear
осторóжный careful
и нóвые, и стáрые both new and old
идёмте come with me, let's go

19. ВТОРА́Я КОЛЛЕ́КЦИЯ

Мари́на Тро́ицкая пока́зывает Ната́ше свою́ колле́кцию ко́миксов. У неё больша́я ко́мната с огро́мными кни́жными шкафа́ми, по́лными ко́миксов.

Ната́ша: Э́то прекра́сная колле́кция!

Мари́на Тро́ицкая: Да, я обожа́ю ко́миксы. Я начала́ коллекциони́ровать их, когда́ мне бы́ло пять лет.

Ната́ша: Ого́! Э́то о́чень интере́сно. Где ты их покупа́ешь?

Мари́на Тро́ицкая: Е́сли они́ популя́рные, я покупа́ю их в магази́нах ко́миксов. Е́сли ко́миксы ре́дкие, я покупа́ю их на антиква́рных ры́нках.

Ната́ша: Наприме́р, на Изма́йловском антиква́рном ры́нке?

Мари́на Тро́ицкая: Ммм.... Да, иногда́ я покупа́ю их там. Э́то не сли́шком далеко́.

Ната́ша: Ты когда́-нибудь ви́дела челове́ка в шля́пе на антиква́рном ры́нке?

Мари́на Тро́ицкая: Да... Ду́маю, я зна́ю, о ко́м вы говори́те. Э́то высо́кий челове́к в чёрной шля́пе, да?

кни́жный шкаф bookcase
по́лный full of, filled with
ре́дкий rare
не сли́шком далеко́ not too far away

20. УБО́РЩИК

Али́са и Ви́ктор Тро́ицкий иду́т в гости́ную и разгова́ривают, пока́ Ната́ша смо́трит колле́кцию Мари́ны.

Али́са: Я хоте́ла бы ещё немно́го поговори́ть об ограбле́нии. Вы не про́тив?

Ви́ктор Тро́ицкий: Коне́чно, дава́йте. Э́то не проблема́.

Али́са: Кто ваш убо́рщик?

Ви́ктор Тро́ицкий: Убо́рщика зову́т Алексе́й. Я зна́ю его́ всю жизнь. Его́ оте́ц был дру́гом моего́ отца́.

Али́са: Ду́маете, Алексе́й мог укра́сть карти́ны?

Ви́ктор Тро́ицкий: Нет, не ду́маю. Он хоро́ший челове́к, и я ему́ доверя́ю.

Али́са: Хорошо́. Алексе́й ви́дел что́-нибудь стра́нное в день ограбле́ния?

Ви́ктор Тро́ицкий: Дава́йте спро́сим его́? Я сейча́с позову́ его́.

Новые слова

э́то не пробле́ма it's not a problem
Вы не про́тив? Do you mind?
укра́сть to steal
Я ему́ доверя́ю I trust him
позва́ть to call

21. МЕТАЛЛИЧЕСКАЯ КОРО́БКА

Мари́на пока́зывает Ната́ше свою́ колле́кцию ко́миксов. Ната́ша ви́дит необы́чную металли́ческую коро́бку и хо́чет узна́ть, что в ней.

Ната́ша: Что в э́той коро́бке?

Мари́на Тро́ицкая: В ней мой са́мый дорого́й ко́микс. Вы хоти́те на него́ посмотре́ть?

Ната́ша: Да, хочу́!

Мари́на Тро́ицкая: Вот, смотри́те...

Ната́ша: Ох! Он о́чень ста́рый?

Мари́на Тро́ицкая: Да, ему́ уже́ сто лет. Мо́жет быть, бо́льше. Э́то америка́нский ко́микс, он называ́ется «Ма́ленький Не́мо в Стране́ снов».

Ната́ша: О чём э́тот ко́микс?

Мари́на Тро́ицкая: Он о ма́льчике, кото́рый ви́дел стра́нные сны.

Ната́ша: Интере́сно! Я ду́маю, он о́чень дорого́й. Ско́лько он сто́ил?

Мари́на Тро́ицкая: Ммм... Не зна́ю. Я не по́мню.

Ната́ша: Пра́вда? Ты не по́мнишь, потому́ что ты купи́ла его́ давно́?

Мари́на Тро́ицкая: Извини́те, я ду́маю, нам пора́ идти́ к моему́ отцу́.

Но́вые слова́

коро́бка box
са́мый доро́гой the most expensive
Страна́ снов Dreamland
ви́деть сны to have dreams (*literal:* to see)
нам пора́ идти́ it's time to go, we have to go

22. АЛЕКСЕЙ

Виктор Троицкий зовёт Алексея, который работает у него уборщиком. Алексей приходит в комнату, где Алиса и Виктор пьют чай. Он сидит с ними, и Алиса задаёт ему вопросы о дне ограбления.

Алиса: Алексей, вы давно живёте в Москве?

Алексей: Да. Я родился в Волгограде, но почти всю жизнь живу в Москве.

Алиса: Правда? Мой отец тоже из Волгограда!

Алексей: Как хорошо! Значит, вы немного знаете город?

Алиса: Да, чуть-чуть! Давайте поговорим о дне ограбления, если вы не против. Вы видели что-нибудь странное в тот день?

Алексей: Это было вчера, правильно?

Алиса: Да, вчера, в субботу.

Алексей: Всё было как обычно, ничего странного... Кроме одного.

Алиса: Да?

Алексей: Когда я делал уборку на втором этаже, я услышал, как кто-то открывает шкаф с зимней одеждой.

Алиса: Почему это странно?

Алексе́й: Потому́ что вчера́ бы́ло о́чень жа́рко! Кому́ ну́жно тёплое пальто́ в тако́й день?

Али́са: Во ско́лько э́то бы́ло?

Алексе́й: Приме́рно в 10:30 утра́...

Новые слова

задава́ть вопро́сы to ask questions
ничего́ стра́нного nothing strange
о дне́ ограбле́ния about the day of the robbery
я роди́лся I was born
е́сли вы не про́тив if you don't mind
кро́ме одного́ except one thing
зи́мняя оде́жда winter clothes
приме́рно around, approximately

23. САДО́ВНИК

Когда́ Алексе́й ухо́дит, Али́са говори́т Ви́ктору Тро́ицкому о то́м, что она́ ду́мает об Алексе́е.

Али́са: Ка́жется, Алексе́й – о́чень прия́тный челове́к! Он о́чень у́мный.

Ви́ктор Тро́ицкий: Да, он о́чень хоро́ший челове́к. О́чень интеллиге́нтный.

Али́са: Вы открыва́ли вчера́ шкаф с зи́мней оде́ждой?

Ви́ктор Тро́ицкий: Нет, э́то был не я́.

Али́са: Хорошо́. Расскажи́те мне о садо́внике, пожа́луйста. Как его́ зову́т? Отку́да он?

Ви́ктор Тро́ицкий: Садо́вника зову́т Артём. Он из О́мска. Ему́ пятьдеся́т лет. Он не о́чень до́лго здесь рабо́тает.

Али́са: Ско́лько вре́мени то́чно он у вас рабо́тает?

Ви́ктор Тро́ицкий: Он рабо́тает здесь шесть ме́сяцев. Он прекра́сный садо́вник. Он отли́чно забо́тится о цвета́х и лю́бит свою́ рабо́ту. Кста́ти, он почти́ никогда́ не захо́дит в дом.

Али́са: Отли́чно. Мо́жет быть, он смо́жет что́-нибудь рассказа́ть нам об ограбле́нии.

Ви́ктор Тро́ицкий: Наде́юсь! Я позову́ его́.

Новые слова

шкаф с зи́мней оде́ждой a wardrobe with winter clothes
у́мный smart
то́чно exactly
забо́титься о цвета́х to look after the flowers
кста́ти by the way
заходи́ть в дом to come inside the house, to enter the house

24. АРТЁМ

Садовник, Артём, захóдит в кóмнату. Алúса задаёт ему́ вопрóсы о дне ограблéния. Артём высóкий и худóй. У негó тёмные вóлосы. Он нóсит очкú.

Алúса: Дóброе у́тро, Артём.

Артём: Дóброе у́тро!

Алúса: Меня́ зову́т Алúса. Я пыта́юсь узна́ть бóльше об ограблéнии. Мóжно зада́ть вам нéсколько вопрóсов?

Артём: Конéчно, не проблéма! Вы из полúции?

Алúса: Нет, я не из полúции. Я прóсто помога́ю Вúктору.

Артём: Хорошó. Что вы хотúте спросúть?

Алúса: Вы вúдели чтó-нибудь необы́чное в дóме или в саду́ вчера́, в день ограблéния?

Артём: Хмм... Да, ду́маю, я вúдел одногó стра́нного человéка... Но я не увéрен.

Алúса: Почему́ вы не увéрены?

Артём: Вúдите мой очкú? Онú слома́лись вчера́, когда́ я рабóтал. Поэ́тому я плóхо вúдел.

Алúса: Когó вы вúдели?

Артём: Это был жа́ркий со́лнечный день, но из до́ма вы́шел челове́к в дли́нном тёплом пальто́ и шля́пе. Это бы́ло приме́рно в 10:30 утра́.

Али́са: Челове́к в шля́пе?!

Артём: Да, я не о́чень хорошо́ ви́дел, но я почти́ уве́рен.

Новые слова

худо́й slim
тёмный dark
пыта́ться to try
сад garden
они́ слома́лись they're broken
вы́шел (past tense of вы́йти, m.) to go out / outside, to leave

25. ПЕ́РВЫЙ ПОДОЗРЕВА́ЕМЫЙ

Артём ухо́дит из ко́мнаты, и Али́са говори́т Ви́ктору о том, что она́ ду́мает о челове́ке в пальто́ и шля́пе.

Ви́ктор Тро́ицкий: Почему́ вы удиви́лись, когда́ услы́шали о челове́ке в шля́пе?

Али́са: Мы ви́дели высо́кого челове́ка в шля́пе в магази́не Алекса́ндра Ивано́ва.

Ви́ктор Тро́ицкий: Пра́вда?

Али́са: Да! Вы зна́ете высо́кого челове́ка, кото́рый всегда́ но́сит шля́пу?

Ви́ктор Тро́ицкий: Хмм… Нет, не ду́маю. Подожди́те! Ка́жется, я по́мню. Вчера́ я ви́дел высо́кого челове́ка в шля́пе недалеко́ от до́ма. Но я ду́мал, что он журнали́ст. Ду́маете, он вор?

Али́са: Не зна́ю. Но мы ви́дели высо́кого челове́ка в шля́пе в магази́не Алекса́ндра Ивано́ва до ограбле́ния.

Ви́ктор Тро́ицкий: Мо́жет быть, э́тот челове́к – вор!

Али́са: Да, мо́жет быть.

удиви́ться to be surprised
пе́рвый подозрева́емый the first suspect
уходи́ть to leave
Пра́вда? Really?
до ограбле́ния before the robbery

26. ПОВАРА́

Ви́ктор Тро́ицкий зовёт поваро́в, Óльгу и Серге́я.
Они́ жена́ты. Им о́коло 60 лет. Они́ уже́ мно́го
лет рабо́тают в семье́ Ви́ктора Тро́ицкого. Они́
забо́тятся о Ви́кторе, как о сы́не.

Óльга: До́брое у́тро!

Али́са: До́брое у́тро! Прия́тно познако́миться с
ва́ми.

Серге́й: Нам то́же о́чень прия́тно.

Али́са: Скажи́те, пожа́луйста, вы ви́дели что́-
нибудь стра́нное вчера́, в день ограбле́ния? Что́-
нибудь необы́чное.

Óльга: Хмм... Ка́жется, нет. Всё бы́ло как обы́чно.
Как ты ду́маешь, Серге́й?

Серге́й: Э́то был о́чень споко́йный день. Мы ничего́
не гото́вили до ве́чера.

Али́са: Никто́ не ел до ве́чера?

Ви́ктор Тро́ицкий: Я не обе́дал до́ма, потому́ что
ходи́л в го́сти к друзья́м.

Али́са: А Мари́на?

Óльга: Я говори́ла с Мари́ной днём. Она́ не хоте́ла
есть. Она́ чита́ла свои́ но́вые ко́миксы... Ох, э́та
де́вочка обожа́ет свои́ ко́миксы! Она́ так похо́жа

на своего́ отца́. Он то́же обожа́ет свою́ колле́кцию
произведе́ний иску́сства.

Али́са: Хорошо́. У меня́ после́дний вопро́с. Э́то
пе́рвый раз, когда́ ве́щи исче́зли из до́ма?

О́льга: Нет, э́то уже́ не пе́рвый раз! В после́днее
вре́мя ве́щи ча́сто исчеза́ют. Наприме́р, неде́лю
наза́д исче́зло краси́вое дорого́е зе́ркало...

Но́вые слова́

они́ жена́ты they're married
о́коло around, about
забо́титься to look after
споко́йный calm, quiet
в го́сти к друзья́м to visit friends
Прия́тно познако́миться с ва́ми Nice to meet you
ве́щи things
исчеза́ть / исче́знуть to disappear
в после́днее вре́мя recently
зе́ркало mirror

27. РАЗГОВОР

Когда Ольга и Сергей уходят, Алиса задаёт Виктору Троицкому несколько вопросов.

Алиса: Ольга и Сергей – очень приятная семейная пара.

Виктор Троицкий: Да, они прекрасные люди. Для меня они уже стали частью семьи.

Алиса: Марина часто не обедает?

Виктор Троицкий: Да, иногда она просто не хочет есть, особенно, когда у неё есть новый комикс!

Алиса: Вы покупаете ей комиксы?

Виктор Троицкий: Да, мы иногда ссоримся из-за этого.

Алиса: Почему?

Виктор Троицкий: Потому что она всегда хочет самые дорогие комиксы. Она тратит много денег на это. Я говорю ей, что нужно быть более осторожной. Я знаю, что она любит свою коллекцию, но она ещё только девочка! Ей не стоит тратить так много денег на комиксы.

Алиса: Вы часто ссоритесь из-за этого?

Виктор Троицкий: Да, несколько дней назад мы долго ссорились, потому что Марина хотела купи́ть о́чень дорого́й ко́микс. Если вам интере́сно, ско́лько он сто́ил, – сли́шком до́рого для ко́микса!

Новые слова

разгово́р conversation
семе́йная па́ра married couple
часть part
ссо́риться to argue
и́з-за because of

28. ГУВЕРНА́НТКА

По́сле э́того Ви́ктор зовёт гуверна́нтку Мари́ны. Гуверна́нтку зову́т Поли́на. Ей два́дцать пять лет. У неё дли́нные чёрные во́лосы и зелёные глаза́.

Али́са: Здра́вствуйте, Поли́на. Вы гуверна́нтка Мари́ны?

Поли́на: До́брое у́тро! Да.

Али́са: Вы прово́дите с ней весь день?

Поли́на: Да, ле́том я провожу́ с Мари́ной весь день. В остально́е вре́мя она́ обы́чно весь день в шко́ле. Пока́ она́ в шко́ле, я на заня́тиях в университе́те. Я учу́сь преподава́ть. В бу́дущем я хочу́ рабо́тать с детьми́!

Али́са: Отли́чно. А в выходны́е?

Поли́на: В выходны́е Мари́на всегда́ в свое́й ко́мнате. Она́ почти́ не выхо́дит.

Али́са: Что она́ обы́чно де́лает?

Поли́на: Она́ чита́ет ко́миксы. Она́ лю́бит ко́миксы бо́льше всего́ на све́те!

Али́са: Вы ви́дели вчера́ в до́ме что-нибудь стра́нное?

Поли́на: Вчера́ меня́ здесь не́ было! Я е́здила в Дми́тров к роди́телям.

Новые слова

чита́ть ко́миксы to read comics
проводи́ть to spend
заня́тия classes, lessons
преподава́ть to teach
в бу́дущем in the future
выходи́ть to go out / outside, to leave
Дми́тров Russian city not too far from Moscow

29. ОХРÁННИК

Когдá Полúна ухóдит, Алúса задаёт вопрóсы Вúктору.

Алúса: Кáжется, Полúна – óчень хорóшая гувернáнтка. Но э́то нормáльно, что Марúна весь день однá дóма, как вчерá?

Вúктор Трóицкий: Да. Не óчень чáсто, но иногдá онá однá дóма. Марúна ужé достáточно взрóслая и мóжет быть дóма однá. Наш охрáнник всегдá дóма, О́льга и Сергéй – тóже.

Алúса: А кто ваш охрáнник, как егó зовýт? Гдé он?

Вúктор Трóицкий: Егó зовýт Денúс. Он из Колóмны, недалекó от Москвы́.

Алúса: Скóлько емý лет?

Вúктор Трóицкий: Почтú сóрок.

Алúса: Он давнó здесь рабóтает?

Вúктор Трóицкий: Да, ужé пять лет.

Алúса: Он хорóший охрáнник?

Вúктор Трóицкий: Да, óчень. Егó глáвная рабóта – контролúровать кáмеры наблюдéния. Рáньше в дóме никогдá нé было ограблéний… До вчерáшнего дня!

весь день одна́ до́ма all day home alone (f.)
доста́точно взро́слая old / adult enough (f.)
ка́меры наблюде́ния security cameras
до вчера́шнего дня until yesterday

30. ДЕНИС

Ви́ктор зовёт Дени́са, охра́нника, что́бы Али́са могла́ с ним поговори́ть.

Али́са: Здра́вствуйте! Я хочу́ зада́ть вам не́сколько вопро́сов о дне́ ограбле́ния. Наде́юсь, э́то не пробле́ма?

Дени́с: Коне́чно, не пробле́ма!

Али́са: Вы заме́тили что́-нибудь стра́нное вчера́?

Дени́с: Нет, не ду́маю. Я весь день смотре́л на ка́меры наблюде́ния. Никаки́е стра́нные лю́ди не заходи́ли в дом.

Али́са: У кого́-нибудь ещё есть ключи́ от до́ма, кро́ме сотру́дников?

Дени́с: Нет. Ключи́ есть то́лько у люде́й, кото́рые здесь рабо́тают. И, коне́чно, у Ви́ктора и его́ до́чери.

Али́са: Поня́тно. Мы мо́жем посмотре́ть видеоза́писи с ка́мер?

Дени́с: Коне́чно, не пробле́ма! Я сейча́с принесу́ ноутбу́к, на нём все видеоза́писи.

заме́тить to notice
никаки́е стра́нные лю́ди no one strange
кро́ме except
ноутбу́к laptop
видеоза́писи video footage, video recordings

31. ВИДЕОЗА́ПИСЬ

Дени́с и́щет ноутбу́к, на кото́ром все видеоза́писи с ка́мер наблюде́ния. На них мо́жно уви́деть, кто заходи́л в дом и кто выходи́л.

Али́са: Кто́-нибудь выходи́л из до́ма в пя́тницу ве́чером?

Дени́с: Нет, никто́ не выходи́л до утра́ суббо́ты.

Али́са: Кто был пе́рвым челове́ком, кото́рый вы́шел из до́ма у́тром в суббо́ту?

Дени́с: Э́то была́ Поли́на. Вот она́, на ви́део. Она́ выхо́дит из до́ма приме́рно в 9 часо́в утра́.

Али́са: Да, она́ е́дет к роди́телям в Дми́тров.

Дени́с: Пото́м, в 10 часо́в утра́, выхо́дит Ви́ктор.

Али́са: Он идёт в го́сти к друзья́м.

Ви́ктор Тро́ицкий: Да, э́то пра́вда!

Дени́с: Пото́м, в 10:30, выхо́дит Алексе́й. Вы не мо́жете уви́деть его́ лицо́, но э́то его́ пальто́ и шля́па... Пра́вда, я не зна́ю, почему́ он был в пальто́. В суббо́ту бы́ло о́чень жа́рко и со́лнечно.

Али́са: Э́то не Алексе́й! Алексе́й в э́то вре́мя был в до́ме и де́лал убо́рку.

Денис: Пра́вда? Подожди́те... На пе́рвом этаже́ то́же есть ка́меры, дава́йте посмо́трим на видеоза́писи. Вы пра́вы! Вот Алексе́й, он де́лает убо́рку.

Ви́ктор Тро́ицкий: Но кто э́тот челове́к в шля́пе, кото́рый выхо́дит из до́ма?

Али́са: Челове́к, кото́рый не хо́чет, что́бы его́ ви́дели!

Но́вые слова́

лицо́ face
на пе́рвом этаже́ on the first floor
де́лать убо́рку to clean, to tidy up
Вы пра́вы! You're right!

32. ЧЕЛОВЕ́К НА ВИДЕОЗА́ПИСИ

Али́са, Дени́с и Ви́ктор смо́трят видеоза́писи с ка́мер наблюде́ния. Они́ ви́дят, что в суббо́ту у́тром кто́-то выхо́дит из до́ма. Э́тот челове́к но́сит пальто́ и шля́пу. Его́ лицо́ не ви́дно.

Али́са: Дава́йте продо́лжим. Кто́-нибудь ещё выхо́дит из до́ма?

Дени́с: Нет. Немно́го по́зже, в 12 часо́в, челове́к в шля́пе возвраща́ется. Э́то кто́-то, кто здесь живёт! У него́ есть ключ.

Али́са: Ка́жется, э́то так. Но кто э́то?

Дени́с: Ви́ктор возвраща́ется в два часа́ дня, а Поли́на возвраща́ется в пять часо́в.

Али́са: Ви́ктор, когда́ вы по́няли, что ва́ши карти́ны исче́зли?

Ви́ктор Тро́ицкий: Приме́рно в 6 часо́в ве́чера. Я проверя́ю свою́ колле́кцию ка́ждый ве́чер в э́то вре́мя. Я сра́зу заме́тил, что что́-то не так. Карти́н Ре́пина не́ было!

Дени́с: Вы ви́дите, что в 6:30 приезжа́ет поли́ция.

Али́са: Смотри́те! Вме́сте с поли́цией… Челове́к в шля́пе!

Новые слова

продо́лжить to carry on
проверя́ть to check
что́-то не так something is wrong
приезжа́ть to arrive
вме́сте together

33. ДВЕ ШЛЯПЫ

Алиса, Денис и Виктор продолжают смотреть видеозаписи с камер наблюдения. Они думают о том, кто этот человек в шляпе, который был с полицией.

Виктор Троицкий: Алиса, вы думаете, это тот же самый человек, который вышел из дома в 10:30?

Алиса: Нет, я так не думаю. Этот человек снаружи. Человек, который вышел из дома в 10:30, вернулся в 12 часов. Сейчас он внутри.

Виктор Троицкий: Значит, вы думаете, что есть два человека в шляпе?

Алиса: Да, может быть. Посмотрите на видеозапись: человек в шляпе говорит с полицией.

Виктор Троицкий: Может быть, это детектив. Как вы думаете, он детектив?

Алиса: Да, возможно. Он похож на человека в шляпе, который был в магазине Александра Иванова... Я думаю, это тот же самый человек.

Новые слова

тот же самый человек the same person
снаружи outside
внутри inside
Он похож на... He looks like...

34. ВЫ́ВОДЫ

Когда́ Дени́с ухо́дит, Ви́ктор и Али́са говоря́т о том, что они́ узна́ли.

Али́са: Хорошо́, что мы зна́ем?

Ви́ктор Тро́ицкий: Для нача́ла, мы зна́ем, что карти́ны исче́зли у́тром в суббо́ту.

Али́са: Ната́ша и я ви́дели карти́ны на Изма́йловском ры́нке в суббо́ту о́коло 12:30 часо́в дня.

Ви́ктор Тро́ицкий: Изма́йловский ры́нок не о́чень далеко́ от на́шего до́ма. Челове́к, кото́рый взял карти́ны, про́дал их и верну́лся в дом.

Али́са: То́лько три челове́ка выходи́ли из до́ма до 11 утра́: вы, Поли́на и зага́дочный челове́к в пальто́ и шля́пе.

Ви́ктор Тро́ицкий: Э́тот челове́к взял пальто́ и шля́пу Алексе́я, что́бы никто́ не мог уви́деть его́ лицо́ на ка́мерах наблюде́ния.

Новые слова

вы́воды conclusions
для нача́ла for start
в суббо́ту on Saturday
прода́ть to sell

35. НАТА́ША И МАРИ́НА ТРО́ИЦКАЯ ВОЗВРАЩА́ЮТСЯ

Дверь в гости́ную открыва́ется. Захо́дят Мари́на и Ната́ша.

Ви́ктор Тро́ицкий: Приве́т, моя́ дорога́я! Ты показа́ла Ната́ше свою́ колле́кцию ко́миксов?

Мари́на Тро́ицкая: Да, па́па.

Ната́ша: У Мари́ны прекра́сная колле́кция... Ка́жется, она́ дово́льно дорога́я!

Али́са: Мари́на, мо́жно зада́ть тебе́ вопро́с?

Мари́на Тро́ицкая: Да.

Ви́ктор Тро́ицкий: Да, коне́чно.

Али́са: Ты выходи́ла из до́ма вчера́?

Мари́на Тро́ицкая: Нет, я была́ до́ма весь день.

Али́са: Хорошо́. Ты слы́шала, как кто́-то открыва́л шкаф с тёплой оде́ждой?

Мари́на Тро́ицкая: Ммм... Да! Я ду́маю, я слы́шала, как у́тром кто́-то взял из шка́фа пальто́ и шля́пу.

Али́са: Отли́чно! Спаси́бо, Мари́на.

моя́ дорога́я my darling, my dear
прекра́сная колле́кция an excellent collection
Мо́жно зада́ть тебе́ вопро́с? May I ask you a question?
дово́льно дорога́я quite expensive

36. ОБЕЩА́НИЕ

Ната́ша и Али́са встаю́т и проща́ются. Они́ хотя́т верну́ться в оте́ль.

Ви́ктор Тро́ицкий: Большо́е спаси́бо за ва́шу по́мощь. Я наде́юсь, мы найдём во́ра. Э́ти карти́ны сто́ят со́тни ты́сяч рубле́й. Для меня́ они́ о́чень важны́. Э́то са́мые це́нные карти́ны в мое́й колле́кции.

Ната́ша: Мы ра́ды помо́чь. Спаси́бо, что да́ли нам шанс сде́лать э́то. Для меня́ иску́сство то́же о́чень ва́жно.

Али́са: Ви́ктор, мы сде́лаем всё, что́бы найти́ ва́ши укра́денные карти́ны. Я обеща́ю!

Ви́ктор Тро́ицкий: Е́сли вы их найдёте, вы полу́чите большо́е вознагражде́ние.

Али́са: Э́то нева́жно. Мы де́лаем э́то не и́з-за де́нег.

Ната́ша: Мы бу́дем на свя́зи. Мы напи́шем вам, когда́ что́-нибудь узна́ем.

Ви́ктор Тро́ицкий: Хорошо́, спаси́бо вам. Уда́чи!

Новые слова

обеща́ние promise
проща́ться to say goodbye
со́тни ты́сяч hundreds of thousands
Для меня́ они́ о́чень важны́ They are very important to me
Мы бу́дем на свя́зи We'll stay in touch
Уда́чи! Good luck!

37. АЛИ́СА ГОВОРИ́Т НАТА́ШЕ О ТОМ, ЧТО УЗНА́ЛА

Али́са и Ната́ша выхо́дят из до́ма, и Али́са расска́зывает о том, что она́ узна́ла.

Али́са: Я говори́ла со все́ми, кто рабо́тает в до́ме.

Ната́ша: Со все́ми? Кто они́?

Али́са: Там рабо́тает шесть челове́к: Алексе́й, убо́рщик; Артём, садо́вник; О́льга и Серге́й, повара́; Поли́на, гуверна́нтка; и Дени́с, охра́нник.

Ната́ша: Отли́чно! Кто́-нибудь из них вы́глядит подозри́тельно?

Али́са: Нет, никто́ не вы́глядит подозри́тельно. Они́ все о́чень прия́тные лю́ди. Они́ отве́тили на все мои́ вопро́сы.

Ната́ша: Что они́ тебе́ рассказа́ли?

Али́са: Ка́меры наблюде́ния показа́ли, что вор – э́то кто́-то, кто живёт в до́ме. То́лько три челове́ка выходи́ли из до́ма в суббо́ту: Ви́ктор, гуверна́нтка и челове́к в пальто́ и шля́пе Алексе́я.

Ната́ша: Челове́к в шля́пе, кото́рый был в магази́не Алекса́ндра Ивано́ва?

Али́са: Нет, не ду́маю. Э́то кто́-то, кто живёт в до́ме. Э́тот челове́к взял пальто́ и шля́пу из шка́фа с тёплой оде́ждой. Алексе́й и Мари́на сказа́ли, что слы́шали, как кто́-то открыва́л э́тот шкаф.

Ната́ша: Ты уже́ мно́го зна́ешь о том, что произошло́. Ты прекра́сный детекти́в.

Али́са: Спаси́бо! А что ты узна́ла?

Новые слова

подозри́тельно suspicious
показа́ть to show
три челове́ка three persons
произошло́ happened

38. НАТА́ША РАССКА́ЗЫВАЕТ АЛИ́СЕ О ТОМ, ЧТО ОНА́ УЗНА́ЛА

Ната́ша и Али́са продолжа́ют говори́ть о том, что они́ узна́ли. Они́ иду́т недалеко́ от Изма́йловского ры́нка.

Ната́ша: У Мари́ны огро́мная колле́кция ко́миксов. Она́ лю́бит ко́миксы так же си́льно, как её оте́ц лю́бит карти́ны Ре́пина.

Али́са: Тебе́ не ка́жется, что Мари́на ведёт себя́ стра́нно?

Ната́ша: Я согла́сна. Она́ ведёт себя́ стра́нно. Когда́ я спроси́ла, ско́лько сто́ил оди́н из её ко́миксов, она́ начала́ вести́ себя́ стра́нно. Ду́маешь, мы мо́жем её подозрева́ть?

Али́са: Не зна́ю. Мо́жет быть, она́ что́-то зна́ет, но не хо́чет нам говори́ть.

Ната́ша: Как ты ду́маешь, почему́ она́ не говори́т нам всё, что зна́ет?

Али́са: Мо́жет быть, она́ кого́-то защища́ет?

Ната́ша: Кого́? Во́ра?

Али́са: Возмо́жно. Вор – э́то кто́-то из тех, кого́ мы ви́дели на видеоза́писях. Там бы́ло три челове́ка.

Зна́чит, э́то тот зага́дочный челове́к, гуверна́нтка и́ли да́же её оте́ц!

Новые слова

вести́ себя́ стра́нно to behave strangely
подозрева́ть to suspect
защища́ть to protect
зага́дочный челове́к a mysterious person
её оте́ц her father

39. ЭТО ОПЯТЬ ОН!

Когда они идут недалеко от Измайловского рынка, Наташа не верит тому, что видит...

Наташа: Алиса, смотри! Человек в шляпе! Это тот человек, которого мы видели в магазине Александра Иванова!

Алиса: Точно, это он! Я видела этого человека на видеозаписи. На видео он с полицейскими. Может быть, он детектив.

Наташа: Он выглядит подозрительно. Что он здесь делает?

Алиса: Я не знаю, но хочу узнать. Давай попробуем с ним поговорить.

Наташа: Алиса, ты сошла с ума?!

Алиса: Давай. Он уходит! Бежим!

Наташа: Ты точно сошла с ума...

Алиса: Он тоже бежит. Я думаю, он нас заметил. Сейчас он хочет сбежать.

Наташа: Он бежит к Измайловскому рынку. Там много магазинов и много людей. Будет трудно найти его...

Новые слова

опя́ть again
не ве́рить to not believe
Ты сошла́ с ума́?! Are you crazy?! (f.)
Он ухо́дит! Бежи́м! He's getting further away! Run!
сбежа́ть to get away, to escape

40. ЗА ЧЕЛОВЕ́КОМ В ШЛЯ́ПЕ

На Изма́йловском ры́нке Ната́ша и Али́са иду́т за челове́ком в шля́пе. Он бы́стро идёт ме́жду людьми́ и магази́нами.

Ната́ша: Я не ви́жу его́. А ты?

Али́са: Я то́же не ви́жу. Я его́ потеря́ла. Я зна́ю! Дава́й пойдём на терра́су кафе́. Отту́да бу́дет лу́чше ви́дно.

Ната́ша: Ты уве́рена? Э́то безу́мие...

Али́са: Да, уве́рена! Идём.

Ната́ша: Ты была́ права́! Отсю́да хорошо́ ви́дно весь ры́нок.

Али́са: Смотри́, вот он!

Ната́ша: Он идёт по той у́лице и повора́чивает напра́во.

Али́са: Идём за ним!

Новые слова

за челове́ком в шля́пе following the man in the hat
ме́жду among, in between
потеря́ть to lose
отту́да from there
отсю́да from here
повора́чивать напра́во to turn right

41. ГДЕ ОН?

Али́са и Ната́ша иду́т за челове́ком в шля́пе по у́зкой у́лице на Изма́йловском ры́нке. На э́той у́лице три магази́на, но они́ не зна́ют, в како́й магази́н зашёл челове́к в шля́пе. В пе́рвом магази́не продаю́т часы́, во второ́м – ме́бель, а в тре́тьем – кни́ги.

Ната́ша: Как ты ду́маешь, где́ он?

Али́са: Он в одно́м из э́тих магази́нов. Но я не ви́дела, в како́й магази́н он зашёл.

Ната́ша: Ду́маешь, он в магази́не, где продаю́т часы́?

Али́са: Нет, я не ду́маю, что он там.

Ната́ша: Мо́жет быть, он в магази́не, где продаю́т ме́бель...

Али́са: Нет, не ду́маю.

Ната́ша: Зна́чит, он в кни́жном магази́не.

Али́са: Да, скоре́е всего́.

Ната́ша: Ну, дава́й зайдём и посмо́трим?

Али́са: Да, дава́й!

Как ты ду́маешь? What do you think?
у́зкий narrow
ме́бель furniture
скоре́е всего́ most likely

42. КНИЖНЫЙ МАГАЗИН

Ната́ша и Али́са захо́дят в кни́жный магази́н. За кни́жными по́лками они ви́дят челове́ка в шля́пе. Он сиди́т в углу́ и чита́ет кни́гу. Ка́жется, он их ждёт.

Али́са: Вот он!

Челове́к в шля́пе: Али́са, Ната́ша, я вас ждал.

Ната́ша: Отку́да вы зна́ете, как нас зову́т?!

Челове́к в шля́пе: Я зна́ю мно́го веще́й...

Али́са: Как вас зову́т?

Челове́к в шля́пе: Я пока́ не могу́ сказа́ть вам своё и́мя.

Али́са: Мо́жно нам сесть?

Челове́к в шля́пе: Да, коне́чно. Сади́тесь. Нам ну́жно поговори́ть.

Али́са: Вы следи́ли за на́ми?

Челове́к в шля́пе: Ка́жется, э́то вы следи́ли за мной.

Али́са: Ну... Э́то пра́вда. Но то́лько потому́, что вы всегда́ недалеко́, когда́ происхо́дят стра́нные ве́щи.

Челове́к в шля́пе: Стра́нные ве́щи? Каки́е, наприме́р?

Али́са: Наприме́р, ограбле́ние особняка́ Ви́ктора Тро́ицкого. А ещё ограбле́ние антиква́рного магази́на Алекса́ндра Ивано́ва.

Новые слова

за кни́жными по́лками behind the bookcases / bookshelves
в углу́ in the corner
пока́ yet
следи́ть to follow
происходи́ть to happen

43. РАЗГОВОР С ЧЕЛОВЕКОМ В ШЛЯПЕ

Алиса и Наташа разговаривают с человеком шляпе в книжном магазине на Измайловском рынке.

Человек в шляпе: Значит, вы видели меня в магазине Александра Иванова в субботу?

Алиса: Да, мы видели вас там. Потом мы видели, как вы уходили.

Человек в шляпе: Хорошо. Я вижу, что вы очень внимательные.

Алиса: Ещё мы видели вас в доме Виктора Троицкого в день ограбления.

Человек в шляпе: Правда? Как?

Алиса: На камерах видеонаблюдения. На видео вы говорите с полицией.

Человек в шляпе: Конечно, это правда. Да, вы очень внимательные!

Наташа: Что вы знаете об ограблении?

Человек в шляпе: Я точно могу вам сказать, что я не вор.

Наташа: Вы полицейский?

Человек в шляпе: Нет, я не полицейский.

Ната́ша: Хмм… Мо́жет быть, вы детекти́в?

Челове́к в шля́пе: Нет, не совсе́м.

Али́са: Тогда́ кто вы?

Но́вые слова́

зна́чит so
внима́тельный observant, attentive
то́чно exactly
не совсе́м not exactly
Кто вы? Who you are?

44. «ИСТОРИЧЕСКИЙ КЛУБ»

Человек в шляпе рассказывает Алисе и Наташе, что он из команды экспертов, которые решают загадки по всему миру.

Человек в шляпе: Я следователь.

Наташа: Что вы расследуете? Преступления? Ограбления?

Человек в шляпе: Не совсем. Я не один; у меня есть коллеги.

Алиса: Вы из секретной организации?

Человек в шляпе: Да, я из секретной организации. Она называется «Исторический клуб».

Алиса: Что вы делаете в «Историческом клубе»?

Человек в шляпе: Мы решаем загадки.

Наташа: Какие загадки?

Человек в шляпе: Обычно это загадки, которые связаны с историей искусств, археологией и архитектурой.

Наташа: Значит, вы хотите узнать, кто украл картины Репина из частной коллекции!

Человек в шляпе: Да, это так.

реша́ть зага́дки to solve mysteries
по всему́ ми́ру around the world
сле́дователь investigator
рассле́довать to investigate
свя́заны с related to

45. ЧТО ЧЕЛОВЕК В ШЛЯПЕ ДЕЛАЛ НА РЫНКЕ

Ната́ша и Али́са расска́зывают челове́ку в шля́пе о том, что они́ узна́ли.

Али́са: Что вы уже́ зна́ете об огробле́нии?

Челове́к в шля́пе: Снача́ла я хочу́ услы́шать, что вы зна́ете.

Али́са: Хорошо́... Мы зна́ем, что кто́-то укра́л карти́ны Ре́пина из особняка́ Ви́ктора Тро́ицкого в суббо́ту.

Челове́к в шля́пе: Во ско́лько?

Али́са: До 12:30.

Челове́к в шля́пе: Как вы об э́том узна́ли?

Али́са: Потому́ что приме́рно в 12:30 мы ви́дели э́ти карти́ны в магази́не Алекса́ндра Ивано́ва.

Челове́к в шля́пе: Отли́чно! Я зна́ю, потому́ что я то́же был там в э́то вре́мя...

Ната́ша: А что вы там де́лали?

Челове́к в шля́пе: Е́сли че́стно, я рассле́довал другу́ю зага́дку. На Изма́йловском ры́нке мно́го укра́денных произведе́ний иску́сства. Я смотре́л, кто бу́дет пыта́ться прода́ть произведе́ния иску́сства в магази́нах. Я хоте́л попро́бовать пойма́ть воро́в!

Ната́ша: Зна́чит, вы слы́шали наш разгово́р?

Челове́к в шля́пе: Да! Я сра́зу по́нял, что происхо́дит что́-то стра́нное…

Но́вые слова́

услы́шать to hear
е́сли че́стно honestly
друго́й other, another
пойма́ть to catch

46. ЧТО ЧЕЛОВЕ́К В ШЛЯ́ПЕ ДЕ́ЛАЛ ПО́СЛЕ Э́ТОГО

Челове́к в шля́пе расска́зывает Ната́ше и Али́се о том, что он де́лал в день ограбле́ния.

Челове́к в шля́пе: В суббо́ту я услы́шал ваш разгово́р о карти́нах Ре́пина в магази́не Алекса́ндра Ивано́ва. Я нашёл музе́и и ча́стные колле́кции, в кото́рых есть оригина́лы карти́н Ре́пина. Я узна́л, что одна́ ча́стная колле́кция нахо́дится не о́чень далеко́ от Изма́йловского ры́нка.

Ната́ша: Колле́кция Ви́ктора Тро́ицкого!

Челове́к в шля́пе: То́чно. Я пошёл туда́ и ждал поли́цию о́коло до́ма.

Али́са: У поли́ции есть иде́и, кто укра́л карти́ны?

Челове́к в шля́пе: Нет, они́ не зна́ют, кто э́то сде́лал. А как вы ду́маете?

Али́са: Я ещё не зна́ю, но я ду́маю, что там могло́ быть два во́ра. Мо́жет быть, пе́рвый вор укра́л карти́ны из особняка́ Ви́ктора Тро́ицкого, а второ́й укра́л их из магази́на Алекса́ндра Ивано́ва.

Челове́к в шля́пе: То́чно! Али́са, вы о́чень у́мная.

ча́стный private
находи́ться to be located
о́коло до́ма near the house
То́чно! Definitely!

47. ПОДОЗРЕВА́ЕМЫЕ

Челове́к в шля́пе говори́т с Али́сой и Ната́шей о том, кто мог укра́сть карти́ны.

Челове́к в шля́пе: Если вы пра́вы и там бы́ло два во́ра, снача́ла мы должны́ найти́ пе́рвого во́ра.

Али́са: Мы почти́ уве́рены, что пе́рвый вор – э́то кто́-то из до́ма Ви́ктора Тро́ицкого. Ка́меры видеонаблюде́ния показа́ли, что в пя́тницу у́тром из до́ма выходи́ли то́лько три челове́ка. Э́то бы́ли Ви́ктор Тро́ицкий, гуверна́нтка и кто́-то ещё...

Челове́к в шля́пе: Кто́-то ещё?

Али́са: Да, челове́к в пальто́ и шля́пе. Его́ лицо́ не́ было ви́дно.

Челове́к в шля́пе: Э́то мужчи́на и́ли же́нщина?

Али́са: Мы не зна́ем!

Челове́к в шля́пе: Во ско́лько э́тот челове́к вы́шел из до́ма?

Али́са: В 10:30.

Челове́к в шля́пе: Он верну́лся в дом?

Али́са: Да, он верну́лся в 12 часо́в.

Челове́к в шля́пе: Зна́чит, пе́рвый вор – э́то то́чно кто́-то из особняка́!

Али́са: Да, но кто?

Новые слова

подозрева́емые suspects
вы пра́вы you're right
челове́к в пальто́ и шля́пе a man in coat and hat
верну́ться to return

48. ЧЕЛОВЕ́К В ШЛЯ́ПЕ ИСЧЕЗА́ЕТ

Ната́ша и Али́са разгова́ривают с челове́ком в шля́пе в кни́жном магази́не. Неожи́данно они́ слы́шат, как па́дают кни́ги, и смо́трят на кни́жные по́лки. В э́тот моме́нт челове́к в шля́пе исчеза́ет.

Ната́ша: Где челове́к в шля́пе?! Он сиде́л здесь секу́нду наза́д.

Али́са: Он исче́з! Э́то ма́гия!

Ната́ша: И почему́ э́ти кни́ги за на́ми неожи́данно упа́ли? Э́то бы́ло о́чень гро́мко!

Али́са: Я не зна́ю. Мо́жет быть, кто́-то стоя́л за кни́жными по́лками и слу́шал наш разгово́р.

Ната́ша: Э́то стра́шно!

Али́са: Да, и ещё всё э́то о́чень стра́нно. Посмотри́ на э́то...

Ната́ша: Э́то кни́га, кото́рую челове́к в шля́пе чита́л, когда́ мы пришли́ в магази́н? Что в ней осо́бенного?

Али́са: Э́то не про́сто кни́га, э́то ко́микс!

па́дать / упа́сть to fall down
исчеза́ть / исче́знуть to disappear
Э́то стра́шно! That's scary!
Что в ней осо́бенного? What's special about it?

49. ПОЛИНА НА РЫНКЕ

Наташа и Алиса думают, что делать дальше.

Наташа: Может быть, нам пора в отель? Уже поздно. Мы можем продолжить расследование завтра утром.

Алиса: Быть детективом очень трудно!

Наташа: Посмотри, кто там!

Алиса: Это Полина, гувернантка Марины!

Наташа: Да! Как ты думаешь, она часто ходит на Измайловский рынок?

Алиса: Хмм... Я не знаю, давай спросим продавца. Извините, вы раньше видели здесь эту девушку?

Продавец: Полину? Да, я вижу её здесь почти каждый день.

Алиса: Она часто покупает антиквариат?

Продавец: Хм... Если честно, нет. Я никогда не видел, как она что-нибудь покупала.

Алиса: Хорошо, спасибо!

Наташа: Это немного подозрительно, как ты думаешь?

Алиса: Да, думаю, это подозрительно.

Новые слова

Нам пора́ в оте́ль It's time to go to the hotel
продо́лжать рассле́дование to carry on [our] investigation
почти́ ка́ждый день almost every day
подозри́тельно suspicious

50. В МАГАЗИ́НЕ АЛЕКСА́НДРА ИВАНО́ВА

Ната́ша и Али́са ду́мают, почему́ Поли́на ча́сто хо́дит на Изма́йловский ры́нок.

Ната́ша: Мо́жет быть, Поли́на хо́дит сюда́, потому́ что ей нра́вится антиквариа́т.

Али́са: Да, коне́чно. Это не зна́чит, что она́ вор.

Ната́ша: А ещё Алекса́ндр Ивано́в сказа́л, что челове́к, кото́рый про́дал ему́ карти́ны, – э́то мужчи́на.

Али́са: Это пра́вда. Мо́жет быть, пойдём в магази́н и спро́сим Алекса́ндра, е́сли ты не про́тив? По́сле э́того мы вернёмся в оте́ль.

Ната́ша: Коне́чно! Я немно́го уста́ла, но э́то не пробле́ма. Его́ магази́н недалеко́.

Али́са: Отли́чно! Спаси́бо, Ната́ша!

Ната́ша: Это тебе́ спаси́бо! С тобо́й о́чень ве́село рассле́довать э́ту зага́дочную исто́рию. Идём!

Али́са: Смотри́, о́кна магази́на всё ещё разби́ты. Алекса́ндр в магази́не. Дава́й зайдём?

Ната́ша: Да, дава́й.

Алекса́ндр Ивано́в: А, э́то вы! Здра́вствуйте! У вас всё хорошо́?

Али́са: Да, спаси́бо! Извини́те, мы пришли́ ненадо́лго. Мы то́лько хоте́ли ещё раз спроси́ть, кто про́дал вам карти́ны Ре́пина.

Алекса́ндр Ивано́в: Ах да, та зага́дочная де́вушка...

Али́са: Де́вушка?! Но в про́шлый раз вы сказа́ли, что э́то был мужчи́на!

Новые слова

е́сли ты не про́тив if you don't mind
У вас всё хорошо́? Are you okay?
разби́ты broken
ненадо́лго for a little bit

51. ПА́МЯТЬ

Алекса́ндр Ивано́в говори́т, что челове́к, кото́рый про́дал ему́ карти́ны, – э́то не мужчи́на, а зага́дочная де́вушка.

Ната́ша: В про́шлый раз вы сказа́ли, что карти́ны принёс мужчи́на, по́мните? Вы сказа́ли, что э́то был зага́дочный мужчи́на.

Али́са: Да, я то́же о́чень хорошо́ э́то по́мню. Вы ничего́ не говори́ли о де́вушке.

Алекса́ндр Ивано́в: Э́то пра́вда... Я сказа́л, что э́то был мужчи́на. Но сейча́с я уве́рен, что э́то была́ де́вушка! Э́то она́ принесла́ мне карти́ны Ре́пина.

Али́са: Почему́ вы снача́ла сказа́ли, что э́то был мужчи́на?

Алекса́ндр Ивано́в: У меня́ плоха́я па́мять... Я ча́сто забыва́ю ра́зные ве́щи.

Али́са: Хмм... Зна́чит, сейча́с вы вспо́мнили?

Алекса́ндр Ивано́в: Да, я вспо́мнил. Э́то была́ де́вушка.

Али́са: Мо́жет быть, у э́той де́вушки бы́ли дли́нные чёрные во́лосы и зелёные глаза́?

Алекса́ндр Ивано́в: Хмм... Да, э́то то́чно! Э́то была́ де́вушка с дли́нными чёрными волоса́ми и зелёными глаза́ми.

Новые слова

во́лосы hair
глаза́ eyes
па́мять memory
забыва́ть to forget
вспо́мнить to recall, to remember

52. НАТА́ША И АЛИ́СА ДУ́МАЮТ, ЧТО АЛЕКСА́НДР ИВАНО́В ВЕДЁТ СЕБЯ́ СТРА́ННО

Али́са и Ната́ша выхо́дят из магази́на и е́дут в отель на метро́. Они́ говоря́т о том, что Алекса́ндр Ивано́в ка́жется им немно́го стра́нным.

Али́са: Мне ка́жется, что Алекса́ндр Ивано́в ведёт себя́ стра́нно. Как ты ду́маешь?

Ната́ша: Да, я с тобо́й согла́сна.

Али́са: Я ду́маю, он не совсе́м че́стно говори́т с на́ми.

Ната́ша: Ду́маешь, он говори́т непра́вду?

Али́са: Возмо́жно.

Ната́ша: Ду́маешь, он вор?

Али́са: Нет, мне не ка́жется, что он вор. Вор – э́то кто́-то из до́ма Ви́ктора Тро́ицкого. Э́то не Алекса́ндр Ивано́в.

Ната́ша: Мо́жет быть, он договори́лся с челове́ком из до́ма Ви́ктора Тро́ицкого.

Али́са: Тогда́ почему́ вор про́дал карти́ны Ре́пина так дёшево?

Ната́ша: Да, э́то хоро́ший вопро́с. Но я уве́рена, что Алекса́ндр Ивано́в говори́т непра́вду. Он не всё рассказа́л нам.

Али́са: Я согла́сна! Э́то о́чень подозри́тельно.

Ната́ша: Похо́же, что вор – э́то Поли́на.

Али́са: Да, мы должны́ э́то прове́рить.

Но́вые слова́

че́стно honestly
договори́ться to agree, to make a deal
Э́то хоро́ший вопро́с This is a good question
прове́рить to check

53. В РЕСТОРА́НЕ

Ната́ша и Али́са иду́т в рестора́н в це́нтре го́рода. Они́ разгова́ривают об ограбле́нии.

Официа́нт: До́брый ве́чер, что вам принести́?

Али́са: Я о́чень голо́дная! Ду́маю, я хочу́ борщ и овощно́й сала́т. И хлеб, пожа́луйста.

Официа́нт: Вы то́же хоти́те борщ и сала́т?

Ната́ша: Нет-нет, спаси́бо, я не така́я голо́дная. Мне то́лько овощно́й сала́т, пожа́луйста.

Официа́нт: Хорошо́! Я принесу́ ваш зака́з че́рез пятна́дцать мину́т.

Ната́ша: Спаси́бо!

Али́са: Ну, хорошо́. Сейча́с мы мо́жем споко́йно ду́мать.

Ната́ша: Э́то то́чно. Ну, о чём ты ду́маешь?

Али́са: Возмо́жно, Поли́на могла́ укра́сть карти́ны, но мы не зна́ем то́чно. Ещё есть зага́дочный челове́к в пальто́ и шля́пе, кото́рый выходи́л из до́ма Ви́ктора Тро́ицкого. Э́тот челове́к то́же мо́жет быть во́ром.

Ната́ша: Как мы мо́жем узна́ть, укра́ла Поли́на карти́ны и́ли нет?

овощно́й vegetable (adjective)
голо́дный hungry
че́рез пятна́дцать мину́т in fifteen minutes
споко́йно calmly

54. ПЛАН

В рестора́не Ната́ша и Али́са ду́мают, как узна́ть, укра́ла Поли́на карти́ны Ре́пина и́ли нет.

Али́са: У меня́ есть иде́я! Обы́чно так де́лают в детекти́вных рома́нах, и э́то помога́ет найти́ отве́т. За́втра мы пойдём к Ви́ктору Тро́ицкому. Мы попро́сим его́ собра́ть в одно́й ко́мнате всех, кто живёт и рабо́тает в его́ до́ме.

Ната́ша: Хорошо́… А что пото́м?

Али́са: Когда́ все бу́дут в ко́мнате, мы расска́жем им о том, что зна́ем.

Ната́ша: Мы расска́жем всё, что зна́ем?

Али́са: Снача́ла мы ска́жем, что зна́ем, что вор – э́то челове́к, кото́рый живёт и́ли рабо́тает в до́ме. Пото́м мы ска́жем, что Алекса́ндр Ивано́в вспо́мнил, что челове́к, кото́рый принёс ему́ карти́ны, – э́то де́вушка, а не мужчи́на.

Ната́ша: Хорошо́, что ещё?

Али́са: Ещё мы ска́жем, что он хорошо́ по́мнит лицо́ э́той де́вушки. В конце́ мы ска́жем, что мы попро́сим Алекса́ндра Ивано́ва прийти́ и сказа́ть, кто укра́л карти́ны… То́лько е́сли э́тот челове́к не хо́чет во всём призна́ться.

Ната́ша: Ду́маешь, э́то хоро́шая иде́я? А е́сли вор не призна́ется?

Али́са: Е́сли никто́ не призна́ется, мы позовём Алекса́ндра Ивано́ва и посмо́трим, что он ска́жет...

Официа́нт: Ваш у́жин, пожа́луйста. Прия́тного аппети́та!

Али́са и Ната́ша: Отли́чно, большо́е спаси́бо!

Новые слова

лицо́ face
отве́т answer
собра́ть to gather
призна́ться to confess
позва́ть to call

55. СНОВА В ДОМЕ ВИКТОРА ТРОИЦКОГО

На следующий день Наташа и Алиса снова идут к Виктору Троицкому домой.

Виктор Троицкий: Здравствуйте! Рад вас видеть.

Алиса: Здравствуйте! Мы тоже рады.

Виктор Троицкий: Пожалуйста, заходите. Давайте пойдём в гостиную.

Наташа: Спасибо!

Алиса: Виктор, мы пришли, потому что у нас есть план. Кажется, мы нашли вора. Это кто-то, кто живёт в доме!

Виктор Троицкий: Я тоже думал об этом. Но кто это?

Алиса: Наш план поможет нам это узнать.

Виктор Троицкий: Хорошо! Что нам нужно делать?

Наташа: Нам нужно собрать в гостиной всех, кто живёт и работает в доме.

Новые слова

снóва again
заходи́те come in
У нас есть план We have a plan
найти́ to find

56. ТЕСТ

Алексей (уборщик), Артём (садовник), Ольга и Сергей (повара), Денис (охранник), Полина (гувернантка) и Марина Троицкая приходят в гостиную. Все здороваются с Наташей и Алисой и садятся.

Ольга: Что случилось? Вы узнали что-то об ограблении?

Денис: Вы узнали, кто выходил из дома в пальто и шляпе?

Алексей: В моём пальто и в моей шляпе! Я был дома весь день в субботу.

Артём: Вы знаете, где украденные картины?

Виктор: Успокойтесь, пожалуйста. Наташа и Алиса расследовали ограбление. Сейчас они расскажут нам о том, что узнали.

Алиса: Да. Мы знаем, что вор – это кто-то, кто живёт в этом доме.

Сергей: Не может быть!

Алиса: К сожалению, это так. Сейчас вор здесь, в этой комнате!

Алексей: Откуда вы знаете?

Наташа: Нам рассказал Александр Иванов из антикварного магазина, где мы видели украденные картины...

Новые слова

здоро́ваться to greet
сади́ться to sit down
Что случи́лось? What happened?
успоко́йтесь calm down
Не мо́жет быть! That's impossible!

57. ПЛАЧ

Когда Ната́ша говори́т, что они́ зна́ют, кто укра́л карти́ны, Мари́на Тро́ицкая начина́ет рыда́ть!

Мари́на Тро́ицкая: Хорошо́, я призна́юсь! Э́то была́ я!

Все: ЧТО?!

Мари́на Тро́ицкая: Да, я укра́ла карти́ны. Я наде́ла пальто́ Алексе́я и спря́тала под ни́м карти́ны. Пото́м я наде́ла шля́пу, что́бы никто́ не ви́дел моё лицо́. Я пошла́ на ры́нок и дала́ карти́ны Алексе́ю Ивано́ву.

Ви́ктор Тро́ицкий: Мари́на, о чём ты говори́шь?! Ты укра́ла карти́ны Ре́пина?!

Мари́на Тро́ицкая: Па́па, прости́ меня́. Мне так сты́дно! Я не хоте́ла, что́бы у тебя́ бы́ли пробле́мы и́з-за меня́.

Ви́ктор Тро́ицкий: Но почему́ ты э́то сде́лала?!

Мари́на Тро́ицкая: Я всё расскажу́ тебе́. Не́сколько ме́сяцев наза́д мы на́чали ссо́риться и́з-за де́нег. Я хоте́ла покупа́ть ко́миксы, но ты сказа́л, что я тра́чу сли́шком мно́го де́нег на свою́ колле́кцию. Я всегда́ покупа́ла ко́миксы на Изма́йловском ры́нке. Обы́чно я ходи́ла туда́ с Поли́ной по́сле обе́да.

Ната́ша: Поэ́тому продавцы́ сказа́ли, что Поли́на ча́сто была́ на ры́нке, но ничего́ не покупа́ла.

Новые слова

плач crying
рыда́ть to cry, to sob
Я признаю́сь! I confess!
спря́тать to hide
Мне так сты́дно I'm so ashamed
ссо́риться и́з-за де́нег to argue because of money

58. ПРИЗНА́НИЕ МАРИ́НЫ

Мари́на призна́лась, что она́ укра́ла карти́ны Ре́пина из колле́кции. Она́ объясня́ет своему́ отцу́, Али́се, Ната́ше и всем сотру́дникам, почему́ она́ э́то сде́лала.

Поли́на: Коне́чно, я ходи́ла с Мари́ной на ры́нок, потому́ что она́ хоте́ла! Когда́ она́ покупа́ет ко́миксы, я жду её и смотрю́ на ра́зные ста́рые ве́щи.

Али́са: Поня́тно. Мы боя́лись, что Поли́на уча́ствовала в ограбле́нии.

Поли́на: Коне́чно, нет! Я бы никогда́ ничего́ не укра́ла. Я люблю́ свою́ рабо́ту...

Ви́ктор Тро́ицкий: Хорошо́... Мари́на, продолжа́й.

Мари́на Тро́ицкая: Я почти́ всегда́ покупа́ла ко́миксы в магази́не Алекса́ндра Ивано́ва, но он на́чал проси́ть бо́льше и бо́льше де́нег за свои́ кни́ги. Когда́ я сказа́ла ему́, что мой оте́ц бо́льше не хо́чет дава́ть мне де́ньги, Алекса́ндр сказа́л, что я могу́ принести́ ему́ це́нную вещь из до́ма...

Али́са: Что? Алекса́ндр Ивано́в сказа́л, что́бы ты укра́ла ве́щи у своего́ отца́?

Новые слова

призна́ние confession
сотру́дник a staff member (m.)
продолжа́й carry on
це́нная вещь valuable item

59. ОБМЕН

Мари́на расска́зывает, что она́ укра́ла карти́ны Ре́пина, потому́ что ей нужны́ бы́ли де́ньги, чтобы покупа́ть ко́миксы. Её оте́ц сказа́л, что бо́льше не бу́дет дава́ть ей де́ньги, и Алекса́ндр Ивано́в предложи́л ей принести́ ему́ це́нную вещь в обме́н на ко́микс...

Мари́на Тро́ицкая: Нет! Он не говори́л мне, чтобы я укра́ла ве́щи у отца́. Он сказа́л, что ча́сто предлага́ет обме́н свои́м покупа́телям.

Ната́ша: Обме́н?

Мари́на Тро́ицкая: Да, обме́н. Е́сли я даю́ ему́ це́нную вещь, я получа́ю це́нную вещь от него́.

Али́са: Поэ́тому ты принесла́ ему́ карти́ны?

Мари́на Тро́ицкая: Э́то бы́ло по́зже. Снача́ла я приноси́ла ему́ ма́ленькие ве́щи из на́шего до́ма.

Али́са: Каки́е, наприме́р?

Мари́на Тро́ицкая: Ну, не зна́ю... Кни́ги из библиоте́ки, часы́, ста́рое зе́ркало...

О́льга: Зна́чит, э́то ты взяла́ зе́ркало!

Мари́на Тро́ицкая: Да! Прости́те. Я не понима́ла, что де́лаю.

Новые слова

обме́н exchange
получа́ть to get
из на́шего до́ма from our house
Я не понима́ла, что де́лаю I didn't know what I was doing (f.)

60. МА́ЛЕНЬКИЙ НЕ́МО

Мари́на расска́зывает всем о том, как она́ приноси́ла ве́щи Алекса́ндру Ивано́ву, а он дава́л ей ко́миксы в обме́н. Одна́жды в магази́не появи́лся о́чень це́нный ко́микс, и Мари́на хоте́ла, что́бы он был в её колле́кции. Но она́ должна́ была́ принести́ о́чень це́нную вещь, что́бы получи́ть его́.

Мари́на Тро́ицкая: Одна́жды в магази́не появи́лся осо́бенный ко́микс…

Ната́ша: «Ма́ленький Не́мо в Стране́ снов»?

Мари́на Тро́ицкая: То́чно. Это был оригина́л на англи́йском языке́ и с по́дписью а́втора! Я должна́ была́ его́ получи́ть. Алекса́ндр сказа́л, что бу́дет ждать, когда́ я смогу́ его́ купи́ть.

Ви́ктор Тро́ицкий: Тогда́ ты попроси́ла у меня́ во́семь ты́сяч рубле́й, что́бы купи́ть его́?

Мари́на Тро́ицкая: Да! Коне́чно, ты не дал мне де́ньги. Я о́чень разозли́лась. Мне ну́жен был э́тот ко́микс!

Али́са: И что ты сде́лала?

Мари́на Тро́ицкая: Я приноси́ла Алекса́ндру ра́зные ве́щи, но он ка́ждый раз говори́л, что ему́ нужна́ бо́лее дорога́я вещь. Тогда́ я реши́ла взять что́-нибудь из колле́кции моего́ па́пы…

Новые слова

в обмéн in exchange
появи́ться to appear
по́дпись а́втора author's signature
разозли́ться to get angry

61. МАРИНЕ СТЫДНО

Марина расскáзывает бóльше о том, как онá укрáла картины из коллéкции своегó отцá.

Виктор Трóицкий: Я не могý в это повéрить!

Марина Трóицкая: Прости, пáпа. Мне прáвда óчень стыдно. В тот день Полины нé было дóма. Потóм ты тóже ушёл. Я взялá ключ и открыла дверь в кóмнату, гдé ты хранишь коллéкцию. Я взялá картины, потомý что знáла, что они дорогие. Но я не знáла тóчно, скóлько они стóят. Éсли чéстно, я дáже не дýмала, что ты замéтишь, что этих картин нет... У тебя такáя большáя коллéкция!

Виктор Трóицкий: Конéчно, я замéтил. Я срáзу замéтил, что их нет! Эти картины стóят сóтни тысяч рублéй, они сáмые дорогие в моéй коллéкции!

Марина Трóицкая: Тепéрь я знáю. Я не знáла, что они так дóрого стóят... Для меня это прóсто картины, поэтому я дýмала, что они стóят, как рéдкая книга кóмиксов. Когдá я взялá картины, я надéла пальтó и шляпу Алексéя, чтóбы Денис не увидел меня на кáмерах видеонаблюдéния.

Новые слова

храни́ть to keep
заме́тить to notice
со́тни ты́сяч hundreds of thousands
сра́зу straight away
ре́дкий rare

62. О ЧЁМ МАРИ́НА ПОПРОСИ́ЛА АЛЕКСА́НДРА ИВАНО́ВА

Мари́на расска́зывает всё о то́м, как она́ укра́ла карти́ны. Ещё она́ объясня́ет Али́се, Ната́ше и своему́ отцу́, почему́ Алекса́ндр Ивано́в никому́ ничего́ не сказа́л.

Мари́на Тро́ицкая: Я принесла́ карти́ны Алекса́ндру. Он был о́чень рад и дал мне ко́микс о ма́леньком Не́мо.

Али́са: Мари́на, почему́ Алекса́ндр не сказа́л нам, что э́то была́ ты? Снача́ла он сказа́л нам, что карти́ны принёс мужчи́на; пото́м он сказа́л, что э́та была́ де́вушка с дли́нными чёрными волоса́ми и зелёными глаза́ми – как Поли́на... Почему́ он говори́л непра́вду?

Мари́на Тро́ицкая: Я винова́та в э́том! Когда́ все узна́ли об ограбле́нии, я попроси́ла Поли́ну пойти́ со мной на Изма́йловский ры́нок. Я пошла́ в магази́н Алекса́ндра Ивано́ва и попроси́ла его́ никому́ ничего́ не говори́ть.

Поли́на: Э́то пра́вда, мы ходи́ли туда́ днём.

Ната́ша: Да, мы ви́дели Поли́ну там.

Мари́на Тро́ицкая: Я то́же ви́дела вас. Вы бы́ли в кни́жном магази́не и разгова́ривали с челове́ком в шля́пе.

Али́са: Зна́чит, ты следи́ла за на́ми в кни́жном магази́не!

Мари́на Тро́ицкая: Я про́сто хоте́ла знать, подозрева́ете вы меня́ и́ли нет. Прости́те меня́!

Новые слова

объясня́ть to explain
Я винова́та I'm guilty (f.)
подозрева́ть to suspect
в кни́жном магази́не in the bookstore

63. ПРОЩЕНИЕ

Марина рыдает, потому что ей очень стыдно. Виктор Троицкий пытается объяснить ей, что всё не так плохо.

Виктор Троицкий: Марина, ты не виновата. Ты просто сделала ошибку... Большую ошибку. Но я знаю, что ты не хотела меня расстроить. Ты просто не думала о том, что будет после. Не плачь, всё хорошо.

Алиса: Это правда, Марина. Сейчас самое важное – это найти человека, который украл картины из магазина. Тогда мы сможем их вернуть.

Виктор Троицкий: Даже если мы не сможем их вернуть, это неважно. Я всё равно очень тебя люблю.

Алиса: Спасибо, папа! Я тоже тебя люблю. Значит, ты простил меня?

Виктор Троицкий: Конечно, я простил тебя!

Алиса: А сейчас мы должны узнать, кто украл картины из магазина Александра Иванова.

Виктор Троицкий: Я думаю, Александр немного странный.

Алиса: Всё это время он говорил нам неправду. Я думаю, мы должны поговорить с ним ещё раз.

Ви́ктор Тро́ицкий: Да. Я ду́маю, сейча́с вы должны́ пойти́ к нему́ с поли́цией.

Новые слова

проще́ние forgiveness
ты не винова́та it's not your fault (*literal:* you aren't guilty; f.)
сде́лать оши́бку to make a mistake
расстро́ить to make someone upset
не плачь don't cry
прости́ть to forgive

64. ПОЛИЦИЯ

Виктор Троицкий даёт Алисе и Наташе маленькую карточку с номером телефона.

Алиса: Чей это номер?

Виктор Троицкий: Это номер детектива. Его зовут Николай Комаров.

Алиса: Это полицейский, который расследует это дело?

Виктор Троицкий: Да, он расследует это ограбление.

Алиса: Мы должны ему позвонить.

Виктор Троицкий: Да, позвоните ему. Я думаю, вам понравится работать вместе.

Наташа: Отличная идея!

Виктор Троицкий: Когда вы с детективом пойдёте к Александру Иванову, вы можете ещё раз задать ему вопросы и спросить, почему он не сказал вам правду. Может быть, он скажет правду, когда увидит, что вы пришли с полицией.

Новые слова

ка́рточка a small card
рассле́довать to investigate
де́ло *here:* case
Отли́чная иде́я! Great idea!

65. ТЕЛЕФО́ННЫЙ ЗВОНО́К

Али́са и Ната́ша звоня́т Никола́ю Комаро́ву и предлага́ют ему́ вме́сте иска́ть укра́денные карти́ны Ре́пина.

Никола́й Комаро́в: Алло́?

Ната́ша: Никола́й, здра́вствуйте. Меня́ зову́т Ната́ша. Вы меня́ по́мните?

Никола́й Комаро́в: А, Ната́ша! Вы с Али́сой рассле́дуете ограбле́ние и и́щете карти́ны Ре́пина, пра́вильно?

Ната́ша: Да! Отку́да вы зна́ете?

Никола́й Комаро́в: Э́то моя́ рабо́та! Я до́лжен знать всё. Я рассле́дую э́то ограбле́ние и зна́ю, что вы то́же э́то де́лаете.

Ната́ша: Да, э́то пра́вда. Мы пыта́емся узна́ть бо́льше об ограбле́нии. Но, коне́чно, мы не хоти́м меша́ть поли́ции.

Никола́й Комаро́в: Не волну́йтесь, э́то не пробле́ма. Ну, почему́ вы звони́те?

Ната́ша: Никола́й, е́сли возмо́жно, мы хоти́м встре́титься с ва́ми. У нас есть информа́ция, кото́рая мо́жет быть поле́зной для вас. Возмо́жно, мы мо́жем помо́чь друг дру́гу.

предлага́ть to suggest
меша́ть to interfere with
поле́зная информа́ция useful information
помо́чь друг дру́гу to help each other

66. ВСТРЕЧА
НА ПЛОЩАДИ

Алиса и Наташа встречаются с детективом Николаем Комаровым на площади перед Большим театром. Николаю Комарову примерно сорок лет. Он высокий. У него тёмные волосы и карие глаза. Он носит очки.

Николай Комаров: Наташа, Алиса, здравствуйте.

Наташа: Здравствуйте, Николай! Мы рады вас видеть.

Николай Комаров: Я тоже рад. Ну, расскажите, что вы уже знаете об ограблении?

Алиса: Мы узнали, что у Марины, дочери Виктора Троицкого, есть большая коллекция комиксов. Она обожает комиксы и часто покупает их на Измайловском рынке в магазине Александра Иванова. Когда её отец сказал, что больше не будет давать ей деньги на новые комиксы, она начала приносить Александру разные вещи из своего дома. Она давала Александру эти вещи, а он в обмен давал ей комиксы.

Николай Комаров: Александр Иванов сказал Марине, чтобы она украла вещи из дома?

Алиса: Марина говорит, что это не так. Она рассказала, что Александр предложил ей обмен,

но он никогда́ не говори́л, что она́ должна́ укра́сть
что́-то из до́ма.

Но́вые слова́

Большо́й теа́тр Bolshoi Theatre, a historic theatre of opera and
ballet in Moscow
приме́рно со́рок лет around forty years
ча́сто покупа́ет ко́миксы often buys comics
Он никогда́ не говори́л He never told

67. У НИКОЛА́Я КОМАРО́ВА ЕСТЬ ПЛАН

Ната́ша и Али́са расска́зывают Никола́ю Комаро́ву всё, что зна́ют об огробле́нии. Никола́й говори́т, что они́ должны́ де́лать да́льше.

Никола́й Комаро́в: Что вы зна́ете о второ́м огробле́нии?

Али́са: Не о́чень мно́го. Мы зна́ем, что когда́ мы уви́дели карти́ны и узна́ли их, Алекса́ндр Ивано́в позвони́л своему́ дру́гу, экспе́рту по ру́сскому иску́сству. Алекса́ндр попроси́л его́ прийти́ в магази́н на сле́дующий день и посмотре́ть на э́ти карти́ны.

Никола́й Комаро́в: А что бы́ло пото́м?

Али́са: По́сле этого но́чью кто-то разби́л о́кна магази́на и укра́л карти́ны.

Никола́й Комаро́в: Э́то сде́лали не вы, пра́вда?

Ната́ша: Ха-ха-ха́!

Али́са: Нет, коне́чно.

Никола́й Комаро́в: Хорошо́, я до́лжен был спроси́ть. Э́то моя́ рабо́та.

Ната́ша: Мы про́сто хоти́м верну́ть карти́ны Ви́ктору Тро́ицкому. Э́то о́чень ста́рые и це́нные карти́ны, и они́ должны́ быть в безопа́сности.

Никола́й Комаро́в: Понима́ю. Дава́йте приду́маем план.

Али́са: Хорошо́! Что бу́дем де́лать?

Никола́й Комаро́в: Нам ну́жно ещё раз пойти́ в магази́н Алекса́ндра Ивано́ва. Мы всё ещё не зна́ем всех дета́лей...

Новые слова

разби́ть to break
Они́ должны́ быть в безопа́сности They should be safe
приду́мать to come up with
пойти́ в магази́н go to a shop

68. ВОПРО́СЫ

*Ната́ша, Али́са и детекти́в Никола́й Комаро́в иду́т в
магази́н на Изма́йловском ры́нке, чтобы поговори́ть
с Алекса́ндром Ивано́вым. Никола́й пока́зывает
Алекса́ндру фо́то Мари́ны Тро́ицкой.*

Никола́й Комаро́в: Алекса́ндр, пожа́луйста,
посмотри́те на э́то фо́то. Вы зна́ете, кто э́то?

Алекса́ндр Ивано́в: Да, да, коне́чно. Я её зна́ю.

Никола́й Комаро́в: Хорошо́. Как её зову́т?

Алекса́ндр Ивано́в: Э́то дочь Ви́ктора Тро́ицкого...
Её зову́т Мари́на.

Никола́й Комаро́в: Хорошо́. Отку́да вы её зна́ете?

Алекса́ндр Ивано́в: Она́ ча́сто покупа́ет ко́миксы у
меня́ в магази́не.

Никола́й Комаро́в: Алекса́ндр, э́та де́вочка
принесла́ вам карти́ны Ре́пина?

Алекса́ндр Ивано́в: Да, э́то была́ она́.

Али́са: Почему́ вы не сказа́ли нам ра́ньше?

Алекса́ндр Ивано́в: Я зна́ю, что до́лжен был
сказа́ть вам пра́вду. Но Мари́на попроси́ла меня́
ничего́ вам не говори́ть. Вы зна́ете, она́ о́чень
хоро́шая и до́брая. Она́ давно́ покупа́ет у меня́
ко́миксы. Она́ ве́рит мне. Когда́ она́ попроси́ла

меня́ никому́ не говори́ть, что э́то она́ принесла́ мне карти́ны Ре́пина, я реши́л, что не бу́ду расска́зывать её секре́т.

Никола́й Комаро́в: Вы зна́ете, что она́ приноси́ла вам ве́щи, кото́рые укра́ла у своего́ отца́?

Алекса́ндр Ивано́в: Коне́чно, нет! Я не знал об э́том.

Новые слова

до́брый kind (m.)
ве́рить to trust someone
реши́ть to decide
Я не знал об э́том I did not know about it (m.)

69. НО́ВЫЙ ПОДОЗРЕВА́ЕМЫЙ

Никола́й Комаро́в, Али́са и Ната́ша продолжа́ют задава́ть вопро́сы Алекса́ндру Ивано́ву. Они́ хотя́т найти́ второ́го во́ра.

Никола́й Комаро́в: Алекса́ндр, кто знал, что у вас в магази́не есть карти́ны Ре́пина? Кому́ вы рассказа́ли об э́том?

Алекса́ндр Ивано́в: Хмм… Я до́лжен поду́мать. Ка́жется, никто́ не зна́ет о карти́нах, кро́ме меня́ и э́тих двух же́нщин.

Ната́ша: А ваш друг?

Алекса́ндр Ивано́в: Како́й друг?

Ната́ша: Экспе́рт по ру́сскому иску́сству.

Никола́й Комаро́в: Э́то тот челове́к, о кото́ром вы говори́ли мне ра́ньше?

Ната́ша: Да. Когда́ мы уви́дели карти́ны и по́няли, что э́то оригина́лы карти́н Ре́пина, Алекса́ндр позвони́л своему́ дру́гу. Он сказа́л, что его́ друг – исто́рик ру́сского иску́сства, и он мо́жет то́чно сказа́ть, оригина́лы э́то и́ли нет. Он до́лжен был прийти́ в магази́н на сле́дующий день.

Никола́й Комаро́в: Как зову́т ва́шего дру́га, Алекса́ндр?

Алекса́ндр Ивано́в: Его́ зову́т Алексе́й Беля́ев.

Никола́й Комаро́в: Мы мо́жем с ним поговори́ть?

Новые слова

подозрева́емый suspect
никто́ не зна́ет о nobody knows about
кро́ме except for
на сле́дующий день the next day

70. ГДЕ АЛЕКСЕЙ БЕЛЯ́ЕВ?

Алекса́ндр Ивано́в даёт Никола́ю Комаро́ву информа́цию об Алексе́е Беля́еве – его́ а́дрес и но́мер телефо́на. По́сле э́того Али́са, Ната́ша и Никола́й ухо́дят из магази́на.

Никола́й Комаро́в: Я ду́маю, мы должны́ поговори́ть с Алексе́ем Беля́евым. Мо́жет быть, он – тот челове́к, кото́рый нам ну́жен. Дава́йте позвони́м ему́ домо́й... Я позвоню́ ему́ пря́мо сейча́с.

Ната́ша: Никто́ не отве́тил?

Никола́й Комаро́в: К сожале́нию, нет. Я до́лго ждал, но никто́ не отве́тил.

Ната́ша: Дава́йте попро́буем позвони́ть ему́ на моби́льный телефо́н.

Никола́й Комаро́в: Дава́йте. Я сейча́с позвоню́.

Али́са: Ну что?

Никола́й Комаро́в: Хм... Ка́жется, его́ моби́льный телефо́н не рабо́тает.

Ната́ша: Э́то подозри́тельно.

Никола́й Комаро́в: Да, э́то о́чень стра́нно.

Али́са: Дава́йте пойдём к нему́ домо́й и попро́буем с ним поговори́ть.

Никола́й Комаро́в: Дава́йте! Вы хоти́те пойти́ со мно́й?

Али́са: Коне́чно, да!

Ната́ша: Да, мы пойдём с ва́ми!

Новые слова

по́сле э́того after that
к сожале́нию unfortunately
его́ моби́льный телефо́н his mobile phone
попро́бовать to try

71. НОВАЯ ИНФОРМА́ЦИЯ

Никола́й Комаро́в, Ната́ша и Али́са иду́т домо́й к Алексе́ю Беля́еву. Они́ звоня́т в дверь, но никто́ не открыва́ет. Никола́й Комаро́в про́сит свои́х колле́г прове́рить а́дрес и но́мер телефо́на, кото́рые им дал Алекса́ндр Ивано́в. Мо́жет быть, э́та информа́ция непра́вильная?

Никола́й Комаро́в: Мои́ колле́ги сказа́ли, что э́то а́дрес и но́мер телефо́на Алексе́я Беля́ева, исто́рика ру́сского иску́сства. Всё пра́вильно.

Али́са: Стра́нно, пра́вда? Он не отвеча́ет на телефо́нный звоно́к, не открыва́ет дверь, его́ моби́льный телефо́н не рабо́тает...

Никола́й Комаро́в: Да, э́то стра́нно. Я попроси́л колле́г узна́ть, где его́ моби́льный телефо́н.

Ната́ша: Э́то возмо́жно?

Никола́й Комаро́в: Да, е́сли он неда́вно испо́льзовал GPS, они́ мо́гут узна́ть, где́ он был в э́то вре́мя. Они́ нашли́ его́! Он испо́льзовал телефо́н не́сколько часо́в наза́д в Твери́.

Али́са: В Твери́?! Но Тверь далеко́ отсю́да! Почти́ два часа́ на по́езде. Что он там де́лает?

Ната́ша: Ду́маю, я зна́ю, что он там де́лает...

Никола́й Комаро́в: Что?

Ната́ша: Сего́дня в Твери́ на́чался большо́й фестива́ль иску́сств. Там бу́дут коллекционе́ры со всех городо́в Росси́и.

Али́са: Э́то зна́чит, что…

Никола́й Комаро́в: Э́то зна́чит, что е́сли карти́ны Ре́пина у него́, он мо́жет прода́ть их там…

Но́вые слова́

прове́рить to check
неда́вно recently
испо́льзовать to use
фестива́ль иску́сств art festival

72. ПОЕЗДКА В ТВЕРЬ

Алиса, Наташа и Николай Комаров думают, что украденные картины Репина могут быть у Алексея Беляева; но Алексей Беляев в Твери на фестивале искусств.

Николай Комаров: Хорошо. Нужно ехать в Тверь. Алексей может продать картины на чёрном рынке, и тогда их будет очень трудно найти.

Алиса: А ещё международный аэропорт Шереметьево не очень далеко от Твери.

Наташа: Если Алексей продаст картины, он может быстро улететь в другой город или даже в другую страну.

Николай Комаров: Это правда. Мы должны ехать в Тверь прямо сейчас. Но если вы не хотите ехать со мной, это не проблема! Я знаю, что вы сейчас в отпуске...

Алиса: Николай, вы серьёзно?! Конечно, мы едем! Мы должны найти Алексея Беляева.

Николай Комаров: Ха-ха-ха. Хорошо, садитесь в машину. Мы едем прямо сейчас!

Наташа: Это безумный план!

Алиса: Ты не должна ехать, если не хочешь...

Ната́ша: Я е́ду с ва́ми! Это безу́мный план… И я хочу́ помо́чь его́ реализова́ть!

Никола́й Комаро́в: Хорошо́, бо́льше ни сло́ва!

Новые слова

междунаро́дный international
прода́ст [he] will sell
улете́ть to leave by plane
безу́мный crazy
бо́льше ни сло́ва say no more

73. ФЕСТИВА́ЛЬ ИСКУ́ССТВ В ТВЕРИ́

Никола́й Комаро́в, Али́са и Ната́ша е́дут в Тверь на маши́не. Че́рез два часа́ они́ в Твери́. На фестива́ле иску́сств мно́го продавцо́в, худо́жников, коллекционе́ров... Там со́тни люде́й.

Али́са: Как мы найдём э́того челове́ка? Здесь так мно́го люде́й.

Никола́й Комаро́в: У меня́ есть его́ фо́то. Мои́ колле́ги из поли́ции присла́ли его́ мне. Смотри́те!

Ната́ша: Он пожило́й. Ка́жется, ему́ приме́рно шестьдеся́т лет.

Никола́й Комаро́в: Мои́ колле́ги написа́ли, что ему́ шестьдеся́т два го́да.

Али́са: У него́ дли́нные седы́е во́лосы. Он но́сит кру́глые очки́.

Ната́ша: Отли́чно. Я ду́маю, э́то помо́жет нам его́ найти́.

Никола́й Комаро́в: Мы мо́жем пойти́ в ра́зные сто́роны. Ната́ша, иди́те напра́во. Али́са, иди́те нале́во. А я пойду́ пря́мо.

Али́са: Отли́чно.

Ната́ша: Ну, идём!

Новые слова

сóтни людéй hundreds of people
прислáть to send
пожилóй elderly, older
седóй grey
крýглый round
в рáзные стóроны to different directions

74. ПОИСК

Николай Комаров, Алиса и Наташа идут в разные стороны, чтобы быстрее найти Алексея Беляева на фестивале искусств в Твери.

Наташа: Алиса, Алиса! Я видела его! У него был портфель. Я думаю, Алексей пошёл туда!

Николай Комаров: Вы его видели?

Алиса: Да, Наташа сказала, что она видела, как он пошёл туда. У него был портфель!

Николай Комаров: Отлично, давайте пойдём туда и попробуем его найти.

Наташа: Смотрите! Вот он.

Алиса: Я не вижу его. Где он?

Наташа: Это тот мужчина в фиолетовом костюме.

Николай Комаров: Да, вот он, идёт вверх по лестнице.

Алиса: Я тоже вижу его. Как его остановить?

Николай Комаров: Алиса, идите вверх по той лестнице. Я пойду вверх по другой лестнице. Наташа, ждите здесь: может быть, он пойдёт вниз!

Наташа: Хорошо!

по́иск search
быстре́е faster
портфе́ль briefcase
костю́м suit
ле́стница staircase
останови́ть to stop

75. АЛЕКСЕЙ БЕЛЯЕВ

Николай Комаров и Алиса бегут к Алексею Беляеву с разных сторон. Когда они совсем близко, Алексей замечает их. Кажется, ему страшно. Его портфель падает и открывается. А внутри портфеля...

Алиса: Банан?

Николай Комаров: Что это? Банан?

Алексей Беляев: Кто вы? Что вам от меня нужно? Да, это банан, который я хотел съесть. В чём проблема?

Николай Комаров: Извините, Алексей. Я детектив Николай Комаров. Мы приехали из Москвы. Можно с вами поговорить?

Алексей Беляев: Да, конечно. Что случилось?

Николай Комаров: Мы пытаемся это узнать...

Алексей Беляев: Что происходит? Я не понимаю.

Николай Комаров: Мы пытаемся поговорить с вами с утра. Мы звонили вам, но никто не ответил; когда мы пришли к вам домой, никто не открыл дверь.

Алексей Беляев: Конечно, потому что я не дома. Я здесь отдыхаю... У моего телефона села батарея несколько часов назад. Это что, проблема?

Никола́й Комаро́в: Нет, коне́чно, нет. Скажи́те, пожа́луйста, вы зна́ете челове́ка, кото́рого зову́т Алекса́ндр Ивано́в?

Новые слова

внутри́ inside
с ра́зных сторо́н from different directions
па́дать to fall
У моего́ телефо́на се́ла батаре́я My mobile battery ran out

76. ИСТО́РИЯ АЛЕКСЕ́Я БЕЛЯ́ЕВА

Алексе́й Беля́ев отвеча́ет на вопро́сы Никола́я Комаро́ва, Али́сы и Ната́ши на фестива́ле иску́сств в Твери́.

Алексе́й Беля́ев: Да, я зна́ю Алекса́ндра Ивано́ва. Мы не бли́зкие друзья́, но я зна́ю, кто он. Он продаёт укра́денные ве́щи на Изма́йловском ры́нке, пра́вильно? С ним что́-то случи́лось?

Никола́й Комаро́в: Вы разгова́ривали с ним неда́вно?

Алексе́й Беля́ев: Нет. Мы не разгова́ривали уже́ бо́льше го́да. Почему́ вы спра́шиваете?

Никола́й Комаро́в: Зна́чит, он не звони́л вам в про́шлую суббо́ту и не проси́л прийти́ в его́ магази́н, что́бы посмотре́ть на оригина́лы карти́н Ре́пина?

Алексе́й Беля́ев: Ха-ха-ха́. Коне́чно, нет! Е́сли бы я знал, что на Изма́йловском ры́нке есть оригина́лы карти́н Ре́пина, я был бы не на фестива́ле иску́сств в Твери́... Я был бы на Изма́йловском ры́нке.

Никола́й Комаро́в: Он сказа́л, что звони́л вам. Он позва́л вас в магази́н, что́бы вы посмотре́ли на карти́ны и сказа́ли, оригина́лы э́то и́ли нет.

Алексе́й Беля́ев: Э́то непра́вда. Он не звони́л мне.

Али́са: Но он позвони́л вам, когда́ мы бы́ли ря́дом с ним!

Алексе́й Беля́ев: Зна́чит, он хорошо́ уме́ет говори́ть непра́вду. Он то́чно не звони́л мне.

Но́вые слова́

С ним что́-то случи́лось? Has something happened to him?
бли́зкие друзья́ close friends
позва́ть to call
ря́дом с ним next to him

77. ЗВОНÓК, КОТÓРОГО НЕ БЫЛО

Детектив Николай Комаров просит своих коллег из Москвы проверить, звонил Александр Иванов историку Алексею Беляеву или нет.

Николай Комаров: Мой коллеги узнали, что Александр Иванов никому не звонил!

Наташа: Правда?

Николай Комаров: Да, они проверили это. Они получили информацию о его звонках и узнали, что в тот день он никому не звонил.

Алексей Беляев: Это то, о чём я вам сказал. Он мне не звонил.

Николай Комаров: Вы давно знаете Александра?

Алексей Беляев: Я знаю его уже несколько лет. Раньше я часто ходил в его магазин на Измайловском рынке, чтобы посмотреть на антиквариат...

Николай Комаров: Но вы не друзья?

Алексей Беляев: Нет, мы точно не друзья. Я просто иногда покупал у него антиквариат. Но мы уже почти год не разговаривали.

Николай Комаров: Почему?

Алексе́й Беля́ев: Ну, е́сли че́стно, мне не о́чень нра́вится то, что он де́лает.

Никола́й Комаро́в: Почему́ вам не нра́вится его́ би́знес?

Алексе́й Беля́ев: Потому́ что Алекса́ндр продаёт о́чень мно́го укра́денных веще́й!

Новые слова

прове́рить to check
Мы не друзья́ We are not friends
е́сли че́стно to be honest
его́ би́знес his business

78. ОБМА́Н

Детекти́в Никола́й Комаро́в за́дал Алексе́ю Беля́еву все вопро́сы. Он прове́рил его́ портфе́ль, но в нём не́ было карти́н. Алексе́й ухо́дит. Никола́й, Али́са и Ната́ша говоря́т о том, что де́лать да́льше.

Никола́й Комаро́в: Ну, что ду́маете?

Али́са: Я ду́маю, э́то очеви́дно, что Алексе́й Беля́ев ничего́ не зна́ет о карти́нах. Нас опя́ть обману́ли!

Ната́ша: Да, Алекса́ндр Ивано́в опя́ть нас обману́л. И э́то уже́ не пе́рвый раз, когда́ он говори́т непра́вду! Ду́маю, он зна́ет, что Алексе́й ка́ждый год е́здит на фестива́ль иску́сств в Тверь. Возмо́жно, он хоте́л, что́бы мы уе́хали из го́рода.

Али́са: Никола́й, как вы ду́маете, мо́жно арестова́ть Алекса́ндра Ивано́ва?

Никола́й Комаро́в: У нас ещё нет прав сде́лать э́то. Мы не мо́жем арестова́ть его́ про́сто потому́, что он обману́л нас. Мы должны́ пойма́ть его́ на ме́сте преступле́ния. Мы должны́ найти́ карти́ны Ре́пина!

Али́са: Что е́сли он зна́ет, что мы в Твери́, и пря́мо сейча́с пыта́ется сбежа́ть с карти́нами?

Никола́й Комаро́в: Я позвоню́ свои́м колле́гам и попрошу́ их следи́ть за ним. Он не украдёт карти́ны ещё раз. Е́сли он бу́дет пыта́ться сбежа́ть, полице́йские аресту́ют его́.

Ната́ша: Хорошо́. А сейча́с, ду́маю, нам ну́жно е́хать в Москву́.

Никола́й Комаро́в: Да, пора́ е́хать наза́д!

Новые слова

обма́н deceit
обману́ть to deceive
на ме́сте преступле́ния at the crime scene
следи́ть за ним to watch over him

79. ПОЕЗДКА В МОСКВУ

Когда́ Никола́й, Али́са и Ната́ша е́дут в Москву́, Никола́й про́сит Ната́шу рассказа́ть бо́льше об укра́денных карти́нах.

Никола́й Комаро́в: Е́сли мы найдём карти́ны Ре́пина у Алекса́ндра Ивано́ва, мы должны́ то́чно знать, что э́то карти́ны из колле́кции Ви́ктора Тро́ицкого. Вы мо́жете рассказа́ть, что на э́тих карти́нах?

Ната́ша: Да, коне́чно. В магази́не бы́ло три карти́ны Ре́пина.

Никола́й Комаро́в: Они́ больши́е?

Ната́ша: Нет, не о́чень. Их мо́жно положи́ть в портфе́ль.

Никола́й Комаро́в: Хорошо́, что ещё вы о них зна́ете?

Ната́ша: Э́то о́чень ста́рые карти́ны. Они́ не о́чень изве́стные, но це́нные.

Никола́й Комаро́в: Отли́чно! Что на э́тих карти́нах?

Ната́ша: На пе́рвой карти́не река́.

Никола́й Комаро́в: Река́?

Ната́ша: Да, широ́кая река́ и лес на фо́не. Э́то о́чень краси́вый пейза́ж.

Никола́й Комаро́в: Хорошо́, что на второ́й карти́не?

Ната́ша: На второ́й карти́не ма́ленький ма́льчик, кото́рый пи́шет письмо́.

Никола́й Комаро́в: А на тре́тьей карти́не?

Ната́ша: Тре́тья карти́на – э́то портре́т пожило́й же́нщины в краси́вом пла́тье.

Никола́й Комаро́в: О́чень хорошо́. Спаси́бо, Ната́ша.

Но́вые слова́

положи́ть to put
широ́кий wide
на фо́не on the background
краси́вый пейза́ж beautiful landscape

80. ПОБЕГ

Через несколько часов Алиса, Наташа и Николай Комаров приезжают в Москву. Это солнечное раннее утро. На улице много людей, которые спешат на работу. Алиса, Наташа и Николай идут в магазин Александра Иванова.

Николай Комаров: Видите эту машину? Это мои коллеги, которые следят за Александром Ивановым. Давайте спросим их, что они видели.

Алиса: Хорошо!

Николай Комаров: Офицер Степанов, доброе утро. Это Алиса и Наташа, они помогают мне расследовать это ограбление. Как идут дела? Вы его видели?

Офицер Степанов: Доброе утро. Александр Иванов с прошлого вечера в своей квартире над магазином. Он выключил свет несколько часов назад. Мы ждём: возможно, он планирует побег.

Наташа: Смотрите! Он выходит из квартиры.

Николай Комаров: У него портфель. Бежим! Александр, стойте!

Алиса: Он тоже бежит! Мы должны его поймать!

Николай Комаров: Офицер Степанов, включите сирену на полицейской машине.

Офице́р Степа́нов: Он бежи́т по той у́зкой у́лице. К сожале́нию, я не могу́ е́хать туда́ на маши́не.

Никола́й Комаро́в: Бежи́м за ним!

Новые слова

побе́г escape
спеши́ть to hurry
вы́ключить to turn off
включи́ть to turn on
у́зкий narrow

81. ЗА АЛЕКСА́НДРОМ ИВАНО́ВЫМ

Ната́ша, Али́са и Никола́й бегу́т за Алекса́ндром Ивано́вым, потому́ что у́лица сли́шком у́зкая для полице́йской маши́ны.

Али́са: Э́та у́лица така́я тёмная!

Ната́ша: Я ничего́ не ви́жу. Как ты ду́маешь, он где́-то здесь?

Али́са: Мне ка́жется, я слы́шу, как он ды́шит.

Никола́й Комаро́в: Подожди́те. Я включа́ю фона́рик.

Али́са: Так намно́го лу́чше! Здесь, за му́сорными конте́йнерами… Здесь кто́-то есть!

Никола́й Комаро́в: Ти́хо! Я посмотрю́, кто там…

Ко́шка: Мяяяяяяу!!!

Али́са и Ната́ша: АААААА!!!

Никола́й Комаро́в: Успоко́йтесь, э́то про́сто ко́шка! Но где Алекса́ндр Ивано́в?!

Али́са: Вон он, в конце́ у́лицы.

Никола́й Комаро́в: Бежи́м за ним!

Ната́ша: Алекса́ндр так бы́стро бе́гает!

Али́са: Он поверну́л нале́во!

Никола́й Комаро́в: Здесь мно́го у́зких у́лиц. Он хо́чет, что́бы мы его́ потеря́ли. Дава́йте пойдём в ра́зные сто́роны. Ната́ша, иди́те напра́во. Али́са, иди́те нале́во. Я пойду́ пря́мо. Я не ду́маю, что он опа́сный престу́пник, но е́сли у него́ есть пистоле́т, вы должны́ лечь на зе́млю.

Ната́ша: Пистоле́т?! Я ду́мала, он обы́чный вор...

Никола́й Комаро́в: Ната́ша, вы не зна́ете, что лю́ди мо́гут сде́лать ра́ди де́нег!

Новые слова

сли́шком у́зкий too narrow
дыша́ть to breathe
фона́рик torch
му́сорный конте́йнер rubbish bin
потеря́ть to lose
пистоле́т gun
опа́сный престу́пник a dangerous criminal
лечь на зе́млю to get down on the ground
ра́ди де́нег for money

82. ВЕЛОСИПЕДЫ

Наташа, Алиса и Николай бегут в разные стороны. На улице очень тихо, и они слышат, что Александр Иванов бежит недалеко от них. Но через минуту Наташа, Алиса и Николай видят друг друга на углу; Александра нет.

Наташа: Мы его потеряли! Где он?!

Алиса: Он там. Он поймал такси, смотрите!

Николай Комаров: Да, это он. Если он сядет в эту машину, мы не сможем его поймать.

Наташа: Нам тоже нужен транспорт, чтобы ехать за ним.

Николай Комаров: Если мы вернёмся к машине, мы не узнаем, куда уехал Александр.

Наташа: Может быть, этот транспорт нам поможет?

Алиса: Городские велосипеды! Отлично!

Николай Комаров: Надеюсь, у вас есть транспортные карты?

Алиса и Наташа: Да, конечно!

Николай Комаров: Тогда едем!

Алиса: Ха-ха! Мне кажется, что я в одной из своих книг...

Ната́ша: Это невероя́тно! Мне то́же ка́жется, что я в одно́й из твои́х книг...

Никола́й Комаро́в: Это электри́ческие велосипе́ды. Е́сли мы хоти́м пойма́ть Алекса́ндра, мы должны́ е́хать так бы́стро, как это возмо́жно. Гото́вы?

Али́са: Да!

Ната́ша: Нет!

Никола́й Комаро́в: Вперёд!

Новые слова

велосипе́д bicycle
на углу́ on the corner
наде́юсь [I] hope
Гото́вы? Ready?
Вперёд! Let's go!

83. АЛЕКСА́НДР ИВАНО́В В ТАКСИ́

Али́са, Ната́ша и Никола́й е́дут на велосипе́дах на
максима́льной ско́рости. Че́рез мину́ту они́ уже́
о́чень бли́зко к маши́не. Никола́й е́дет впереди́.
Когда́ он совсе́м ря́дом с маши́ной, Алекса́ндр Ивано́в
неожи́данно открыва́ет дверь, и Никола́й врезается
в неё. Он па́дает; Ната́ша и Али́са помога́ют ему́
встать.

Никола́й Комаро́в: Что вы де́лаете? Вы должны́
е́хать за ним!

Ната́ша: Всё в поря́дке? Вам не бо́льно?

Никола́й Комаро́в: Всё хорошо́, не волну́йтесь.
Вперёд, за Алекса́ндром!

Али́са: Хорошо́!

Ната́ша: Он останови́лся на светофо́ре. Е́дем за
ним!

Али́са: Осторо́жно, он мо́жет опя́ть откры́ть дверь.

Алекса́ндр Ивано́в: Не подходи́те ко мне! Я ничего́
вам не дам!

Али́са: Алекса́ндр, э́то безу́мно. Останови́тесь!
Поли́ция всё равно́ вас пойма́ет!

Алекса́ндр Ивано́в: Нет, они́ никогда́ не пойма́ют
меня́!

Ната́ша: Зелёный свет! Али́са, он уезжа́ет!

Али́са: Éсли мы бу́дем éхать за ним, что пото́м? Мы не смо́жем его́ останови́ть. Нам ну́жен план.

Новые слова

впереди́ in front
на максима́льной ско́рости at maximum speed
неожи́данно suddenly, unexpectedly
вреза́ться to slam into something
па́дать to fall down
Он останови́лся на светофо́ре He stopped at the traffic lights
зелёный свет green light

84. ПЛАН

Ната́ша и Али́са е́дут за такси́ на велосипе́дах. У них есть план: хотя́ они́ не мо́гут останови́ть Алекса́ндра, они́ зна́ют, как получи́ть его́ портфе́ль. На доро́ге всё бо́льше и бо́льше маши́н…

Али́са: Хорошо́, нам ну́жно подъе́хать бли́же к такси́. Окно́ сле́ва откры́то.

Ната́ша: Ду́маешь, мы мо́жем взять портфе́ль че́рез окно́?

Али́са: Нет, но мы мо́жем отвле́чь Алекса́ндра. Одна́ из нас бу́дет говори́ть с ним, а друга́я откро́ет дверь такси́ спра́ва. Алекса́ндр откры́л э́ту дверь, что́бы Никола́й вре́зался в неё. Мне ка́жется, по́сле э́того Алекса́ндр пло́хо её закры́л.

Ната́ша: Хорошо́… А что де́лать, когда́ мы откро́ем дверь?

Али́са: Когда́ мы откро́ем дверь, мы возьмём портфе́ль. Ну́жно де́лать э́то осторо́жно и бы́стро, что́бы Алекса́ндр не заме́тил!

Ната́ша: Что?! Э́то то́чно бу́ду не я́. Я бою́сь да́же открыва́ть дверь маши́ны, где сиди́т э́тот манья́к!

Али́са: Хорошо́, я сде́лаю э́то. Но тогда́ ты должна́ отвле́чь его́.

Ната́ша: Поняла́. Мне ну́жно поду́мать, как э́то сде́лать!

Новые слова

хотя́ although
подъе́хать to approach
отвле́чь to distract
осторо́жно carefully
заме́тить to notice
Я бою́сь I'm scared
Поняла́ Got it (f.)

85. НАТА́ША ОТВЛЕКА́ЕТ АЛЕКСА́НДРА

На Семёновской у́лице такси́ стои́т на светофо́ре. Для Али́сы и Ната́ши э́то отли́чный шанс реализова́ть их план. Ната́ша подъезжа́ет к маши́не спра́ва, где окно́ откры́то. Али́са ждёт.

Алекса́ндр Ивано́в: Оста́вьте меня́ в поко́е, е́сли не хоти́те, что́бы с ва́ми случи́лось что́-то плохо́е!

Такси́ст: Он прав, вам не сле́дует е́хать так бли́зко к маши́не. Мы мо́жем попа́сть в ава́рию.

Алекса́ндр Ивано́в: Замолчи́те!

Такси́ст: Как гру́бо!

Ната́ша: Алекса́ндр, вы должны́ дать нам портфе́ль. Ра́но и́ли по́здно поли́ция вас пойма́ет.

Алекса́ндр Ивано́в: Поли́ция меня́ пойма́ет? За что? Я не сде́лал ничего́ плохо́го. Э́то мой портфе́ль, заче́м он вам?

Ната́ша: Нам ну́жен не портфе́ль, а то, что внутри́ него́.

Алекса́ндр Ивано́в: То, что внутри́ него́, то́же моё. Я получи́л э́то лега́льно. Де́вочка принесла́ э́то в мой магази́н в обме́н на о́чень дорого́й ко́микс, кото́рому почти́ сто лет. Э́то была́ отли́чная би́знес-сде́лка. Почему́ я до́лжен отда́ть вам то, что че́стно зарабо́тал?

Такси́ст: Что она́ де́лает там, спра́ва?

Алекса́ндр Ивано́в: ЭЙ! ЧТО ПРОИСХО́ДИТ?!

Но́вые слова́

Оста́вьте меня́ в поко́е Leave me alone
попа́сть в ава́рию to have an accident
Замолчи́те! Shut up!
гру́бо rude
ра́но и́ли по́здно sooner or later
би́знес-сде́лка business deal
зарабо́тать to earn

86. СПОР

Пока Алекса́ндр Ивано́в говори́т с Ната́шей, Али́са осторо́жно открыва́ет дверь спра́ва, но такси́ст замеча́ет её. Алекса́ндр берёт портфе́ль, толка́ет Али́су в сто́рону и бежи́т из маши́ны.

Алекса́ндр Ивано́в: Слу́шайте, я скажу́ вам че́стно. Я не верну́ вам э́ти карти́ны! Они́ мой, мой!

Али́са: Это не ва́ши карти́ны. Это карти́ны Ви́ктора Тро́ицкого, и вы э́то зна́ете.

Алекса́ндр Ивано́в: Это не так! Это че́стная, лега́льная би́знес-сде́лка. Я про́сто использовал свой шанс. Вы ви́дели, что снача́ла я да́же не знал, чьи э́то карти́ны. Это могли́ быть карти́ны обы́чного студе́нта акаде́мии иску́сств, а не Ре́пина. Тогда́ они́ бы ничего́ не сто́или. Мой инсти́нкт о́пытного продавца́ антиквариа́та помо́г мне поня́ть, что э́то отли́чная би́знес-сде́лка. А тепе́рь вы хоти́те взять у меня́ то, что я че́стно зарабо́тал!

Ната́ша: Это про́сто невероя́тно! Вам не сты́дно опя́ть пыта́ться нас обману́ть? Коне́чно, вы зна́ли, что в до́ме Ви́ктора Тро́ицкого мно́го це́нных веще́й. Вы заста́вили Мари́ну, ма́ленькую де́вочку, красть ве́щи у её отца́!

Новые слова

спор argument
замеча́ть to notice
толка́ть to push
испо́льзовать to use
ничего́ не сто́ить to be worthless, to cost nothing
о́пытный experienced (m.)

87. ПИСТОЛЕТ

Алекса́ндр Ивано́в красне́ет и зли́тся всё бо́льше и бо́льше. Он стои́т на доро́ге пе́ред Али́сой и Ната́шей. Ми́мо бы́стро е́дут маши́ны.

Алекса́ндр Ивано́в: Я не говори́л ей красть у Ви́ктора Тро́ицкого!

Ната́ша: Вы прекра́сно зна́ли, что Мари́на кра́ла ве́щи из до́ма. Е́сли нет, то почему́ она́ приноси́ла вам в магази́н ве́щи, а не плати́ла деньга́ми, как ра́ньше? А ещё вы манипули́ровали Мари́ной. Вы заставля́ли её приноси́ть вам всё бо́лее и бо́лее це́нные ве́щи.

Алекса́ндр Ивано́в: Вы сошли́ с ума́. Заче́м мне э́то де́лать? Я не манипули́рую людьми́, я про́сто бизнесме́н. Я рабо́таю с антиквариа́том. Э́ти карти́ны – антиквариа́т, и они́ мой!

Али́са: Нет! Э́то карти́ны Ви́ктора Тро́ицкого, и вы должны́ их ему́ верну́ть!

Алекса́ндр Ивано́в: Пра́вда? Я так не ду́маю!

Ната́ша: Али́са, осторо́жно! У него́ пистоле́т!

Али́са: О нет, Никола́й был прав! Э́тот челове́к гото́в на всё ра́ди де́нег!

Ната́ша: Алекса́ндр, пожа́луйста, убери́те пистоле́т. Вы что, хоти́те уби́ть нас и́з-за карти́н?

Алекса́ндр Ивано́в: УХОДИ́ТЕ! У МЕНЯ́ ЗАКО́НЧИЛОСЬ ТЕРПЕ́НИЕ!

Такси́ст: Нет, э́то у меня́ зако́нчилось терпе́ние!

Новые слова

пистоле́т gun
красне́ть to get red
зли́ться to get angry
гото́в на всё ра́ди would do anything for (m.)
уби́ть to kill
У меня́ зако́нчилось терпе́ние I've had enough of this (*literal:* I ran out of patience)

88. МИХАИЛ

Такси́ст ви́дит, что у Алекса́ндра Ивано́ва пистоле́т. Возмо́жно, он пыта́ется уби́ть Ната́шу и Али́су! Такси́ст берёт хокке́йную клю́шку из сало́на маши́ны и идёт к Алекса́ндру. Когда́ он ви́дит, что Алекса́ндр хо́чет стреля́ть, он бьёт Алекса́ндра по голове́. Алекса́ндр теря́ет созна́ние и па́дает.

Такси́ст: Наде́юсь, он ско́ро вста́нет. Он до́лжен мне пятьсо́т рубле́й!

Али́са: Ох, спаси́бо вам! Вы спасли́ нам жизнь! Я ду́маю, он уже́ был гото́в стреля́ть...

Ната́ша: Э́та хокке́йная клю́шка всегда́ у вас в маши́не?

Такси́ст: Ха-ха-ха, нет, обы́чно нет! Э́то клю́шка моего́ сы́на. Он идёт на хокке́й сего́дня днём.

Никола́й Комаро́в: Всё хорошо́? Что случи́лось?

Али́са: Алекса́ндр Ивано́в вы́шел из маши́ны и спо́рил с на́ми. И вы бы́ли пра́вы, у него́ был пистоле́т! Он то́лько что пыта́лся нас уби́ть! Но в э́тот моме́нт такси́ст пришёл с хокке́йной клю́шкой и спас нам жизнь!

Никола́й Комаро́в: Спаси́бо вам! Как вас зову́т?

Такси́ст: Михаи́л. Ну, а что в э́том портфе́ле? Наве́рное, что́-то о́чень це́нное, е́сли вы все так волну́етесь.

Новые слова

хоккéйная клю́шка hockey stick
стреля́ть to shoot
бить to hit
теря́ть созна́ние to lose consciousness
спасти́ жизнь to save someone's life

89. ПОРТФЕЛЬ

Детекти́в Никола́й Комаро́в надева́ет нару́чники на Алекса́ндра Ивано́ва. Он звони́т офице́ру Степа́нову, кото́рый ждёт в полице́йской маши́не, и про́сит его́ вы́звать ско́рую по́мощь для Алекса́ндра. Али́са, Ната́ша и Михаи́л ждут, когда́ мо́жно бу́дет откры́ть портфе́ль, кото́рый всё э́то вре́мя лежи́т ря́дом. Наконе́ц Никола́й открыва́ет портфе́ль, и все ви́дят, что внутри́... Карти́ны Ре́пина!

Ната́ша: Не могу́ пове́рить, что мы наконе́ц их нашли́!

Михаи́л: Они́ прекра́сные! Э́то вы их нарисова́ли?

Ната́ша: Ха-ха́, к сожале́нию, нет! Э́то карти́ны Ильи́ Ре́пина, одного́ из лу́чших худо́жников в исто́рии ру́сского иску́сства.

Михаи́л: Карти́ны Ре́пина? Я его́ обожа́ю! Я ча́сто хожу́ в Третьяко́вскую галере́ю, и мой сын то́же лю́бит ходи́ть туда́ со мной. Там есть не́сколько карти́н Ре́пина. Что вы бу́дете де́лать с э́тими карти́нами?

Али́са: Их укра́ли из ча́стной колле́кции Ви́ктора Тро́ицкого, и мы их ему́ вернём! Я ду́маю, вы должны́ пойти́ к Ви́ктору с на́ми. Вы помогли́ нам спасти́ э́ти карти́ны!

нару́чники handcuffs
вы́звать ско́рую по́мощь to call an ambulance
Третьяко́вская галере́я The State Tretyakov Gallery, an art
gallery in Moscow, Russia
спасти́ to save

90. АЛЕКСА́НДР ИВАНО́В ПРИХО́ДИТ В СЕБЯ́

В э́тот моме́нт Алекса́ндр Ивано́в прихо́дит в себя́. Снача́ла он не понима́ет, что происхо́дит, но пото́м ви́дит, что он в нару́чниках, и си́льно зли́тся. Он пыта́ется встать, но не мо́жет.

Алекса́ндр Ивано́в: Что э́то? Почему́ я в нару́чниках?! Я не сде́лал ничего́ плохо́го.

Ната́ша: Вы уве́рены?

Алекса́ндр Ивано́в: Нет, коне́чно, нет.

Никола́й Комаро́в: Я ду́маю, вы бу́дете в нару́чниках ещё доста́точно до́лго...

Алекса́ндр Ивано́в: Послу́шайте, офице́р, я уже́ сказа́л э́тим же́нщинам, что получи́л э́ти карти́ны лега́льно. Я бизнесме́н. У меня́ есть магази́н, где мо́жно купи́ть и́ли обменя́ть антиквариа́т. Клие́нтка принесла́ мне э́ти карти́ны, а я дал ей в обме́н це́нную вещь. Э́то была́ обы́чная, лега́льная би́знес-сде́лка!

Никола́й Комаро́в: Пра́вда? А обма́нывать поли́цию – э́то для вас то́же обы́чно? Пыта́ться стреля́ть в люде́й – э́то то́же обы́чно и лега́льно? Вам сто́ило сказа́ть нам пра́вду с са́мого нача́ла, и тогда́ сейча́с вы бы́ли бы свобо́дны! А ещё вы бы получи́ли вознагражде́ние от Ви́ктора Тро́ицкого. Он даст сто ты́сяч рубле́й тому́, кто вернёт карти́ны.

Алекса́ндр Ивано́в: Пра́вда?!

Михаи́л: Кто́-то сказа́л «вознагражде́ние»?

Но́вые слова́

приходи́ть в себя́ to recover
доста́точно до́лго for quite a while
обменя́ть to exchange
с са́мого нача́ла from the very beginning

91. АЛЕКСА́НДР ИВАНО́В УЕЗЖА́ЕТ С ПОЛИЦЕ́ЙСКИМИ

Че́рез не́сколько мину́т приезжа́ют две полице́йские маши́ны и ско́рая по́мощь. Они́ забира́ют Алекса́ндра. Он всё ещё в нару́чниках и уже́ не пыта́ется сбежа́ть.

Али́са: Ка́жется, мы бо́льше не должны́ слу́шать исто́рии Алекса́ндра Ивано́ва о его́ лега́льном би́знесе.

Ната́ша: Наконе́ц-то! Я уже́ уста́ла слу́шать их.

Никола́й Комаро́в: Ната́ша, Али́са, отли́чная рабо́та! Без ва́с мы бы его́ не пойма́ли.

Михаи́л: Не забыва́йте обо мне́, офице́р!

Никола́й Комаро́в: Ха-ха-ха́. Коне́чно, Михаи́л! Ва́ша роль в э́той исто́рии коро́ткая, но о́чень ва́жная. Вы спасли́ Ната́шу и Али́су!

Ната́ша: Ваш сын бу́дет горди́ться ва́ми.

Михаи́л: Я расскажу́ ему́ о то́м, что случи́лось сего́дня. Но я не ду́маю, что он мне пове́рит!

Али́са: Ну, что бу́дем де́лать?

Никола́й Комаро́в: Дава́йте пойдём к Ви́ктору Тро́ицкому. Карти́нам пора́ домо́й!

забира́ть to take away
Наконе́ц-то! Finally!
не забыва́йте обо мне́ don't forget about me
горди́ться to be proud of

92. ВОЗВРАЩЕНИЕ КАРТИН

Все садятся в полицейскую машину и в такси Михаила и едут к Виктору Троицкому. По дороге они звонят Виктору. Портфель с картинами у Николая Комарова. Когда они приезжают, Виктор встречает их у своего особняка. Он счастлив всех видеть.

Виктор Троицкий: Наташа! Алиса! Николай! Заходите, заходите, пожалуйста.

Алиса: Виктор, мы их нашли!

Виктор Троицкий: Да, я уже слышал! Это просто невероятно. Я так счастлив. Спасибо вам!

Михаил: Здравствуйте, я Михаил. Я спас Наташу и Алису, когда вор хотел в них стрелять.

Виктор Троицкий: Что?! Не могу поверить! Заходите, Михаил, вы должны мне всё рассказать. Я хочу знать все детали.

Николай Комаров: Наташа, Алиса и Михаил – отличная команда. Они поймали вора и вернули картины. Наконец самые ценные экспонаты вернутся в вашу коллекцию.

Виктор Троицкий: Это больше не моя коллекция!

Все: Что?!

Ви́ктор Тро́ицкий: Да, всё э́то бо́льше не моё. У э́той колле́кции тепе́рь но́вый дом – Третьяко́вская галере́я!

Новые слова

возвраще́ние return
сади́ться to sit
Он сча́стлив He's happy
но́вый дом new home

93. ВИКТОР ТРОИЦКИЙ ОТДАЁТ СВОЮ КОЛЛЕКЦИЮ

Все смотрят на Виктора Троицкого и пытаются понять, что случилось. Они идут в гостиную и просят Виктора объяснить, почему он решил отдать свою коллекцию. В гостиной их ждут Марина Троицкая, а также Полина и другие сотрудники, которые работают в доме.

Алиса: Значит, вы решили отдать всю коллекцию в Третьяковскую галерею? Я думала, вы любите свою коллекцию больше всего на свете!

Виктор Троицкий: Да, это так! Поэтому я думаю, что она должна быть в галерее. Там о ней будут заботиться профессионалы. А ещё в галерее она будет в безопасности. Я понял, что не могу гарантировать ей безопасность в своём доме. Но это ещё не все новости. Я и Марина поговорили...

Марина Троицкая: Да, у нас был серьёзный разговор. Мы поняли, что тратим на свои коллекции слишком много времени. Мы хотим проводить больше времени вместе, поэтому мы решили отдать свои коллекции.

Наташа: Правда? Ты тоже хочешь отдать свою коллекцию, Марина?

Мари́на Тро́ицкая: Да! Всю колле́кцию, кро́ме не́которых ко́миксов, кото́рые я ча́сто чита́ю. Но я отда́м са́мые ста́рые ко́миксы в Музе́й ко́миксов. У них огро́мная колле́кция.

Никола́й Комаро́в: Э́то отли́чная иде́я. Тепе́рь лю́ди со всего́ ми́ра смо́гут уви́деть ва́ши колле́кции!

Ви́ктор Тро́ицкий: По́сле того́, что случи́лось, э́то лу́чшее реше́ние.

Новые слова

отда́ть to give away
безопа́сность safety
проводи́ть бо́льше вре́мени to spend more time
со всего́ ми́ра from all over the world
реше́ние decision

94. А ТЕПЕРЬ – ВОЗНАГРАЖДЕНИЕ!

Ольга и Сергей приносят в гостиную кофе и чай для всех. Наташа и Алиса рассказывают Виктору обо всём, что случилось. Михаил тоже гордо рассказывает о своей роли. Виктор Троицкий слушает их. Когда они заканчивают рассказывать, он говорит, что у него есть новости для них.

Виктор Троицкий: Хорошо! А теперь послушайте меня. Не говорите «нет» сразу. Как вы помните, я предложил вознаграждение – сто тысяч рублей тому, кто вернёт картины. Я думаю, этого мало. Эти картины очень ценные, и вам было трудно их найти и вернуть. Я хочу дать триста тысяч рублей каждому! Михаил, и вам тоже: вы наш герой! Вы спасли Алису и Наташу в последнюю минуту.

Алиса: Спасибо, Виктор, но мы не возьмём эти деньги.

Наташа: Да, нам не нужно вознаграждение. Мы просто хотели спасти произведения искусства!

Михаил: А я не против получить вознаграждение! Я смогу купить велосипед своему сыну. А в будущем, может быть, я смогу купить своё такси.

Алиса: Виктор, вы можете дать нашу часть Михаилу. Он спас нам жизнь! И его сын будет счастлив.

Ви́ктор Тро́ицкий: Хорошо́! Э́то отли́чная иде́я. Но я хочу́ дать вам кое-что́ друго́е.

Ната́ша: Э́то не де́ньги?

Ви́ктор Тро́ицкий: Нет, э́то не де́ньги... Э́то сюрпри́з. Вы полу́чите э́то че́рез неде́лю в Третьяко́вской галере́е!

Новые слова

сра́зу straight away
я не про́тив I don't mind
часть part
сюрпри́з surprise

95. ОТКРЫ́ТИЕ

Че́рез неде́лю Али́са и Ната́ша прихо́дят на официа́льное откры́тие за́ла Ви́ктора Тро́ицкого в Третьяко́вской галере́е. Колле́кция Ви́ктора Тро́ицкого тепе́рь бу́дет откры́та для всех в э́том но́вом за́ле. Али́са и Ната́ша всю неде́лю отдыха́ли в оте́ле и пришли́ на откры́тие в краси́вых вече́рних пла́тьях. По за́лу хо́дят официа́нты и предлага́ют гостя́м шампа́нское и канапе́. Вокру́г на сте́нах вися́т произведе́ния иску́сства из колле́кции Ви́ктора Тро́ицкого. Карти́ны Ильи́ Ре́пина в краси́вых золоты́х ра́мах вися́т в це́нтре са́мой большо́й стены́ в за́ле.

Ната́ша: Михаи́л, вы то́же здесь!

Михаи́л: Коне́чно! Я не мог э́то пропусти́ть! А э́то Ко́стя, мой сын.

Али́са: Приве́т, Ко́стя! Твой па́па рассказа́л тебе́ о том, как он спас нам жизнь?

Ко́стя: Э́то всё пра́вда?! Не мо́жет быть!

Ната́ша: Э́та исто́рия – абсолю́тная пра́вда. Твой па́па – геро́й!

Никола́й Комаро́в: Ната́ша, Али́са! Рад вас ви́деть!

Али́са: Никола́й! Мы вас не узна́ли.

Никола́й Комаро́в: Ха-ха-ха́. Да, сего́дня у меня́ выходно́й, поэ́тому я в обы́чном костю́ме, а не в полице́йской фо́рме. Кста́ти, мо́жете говори́ть со мно́й на «ты»!

Но́вые слова́

откры́тие opening
золота́я ра́ма golden frame
пропусти́ть to miss, to skip
узна́ть to recognise

96. ПРЕДЛОЖЕНИЕ

В э́тот моме́нт в зал захо́дит Ви́ктор Тро́ицкий.
Ря́дом с ним идёт же́нщина. Они́ иду́т туда́, где
стоя́т Али́са, Ната́ша и остальны́е.

Ви́ктор Тро́ицкий: Здра́вствуйте! Никола́й,
как ва́ши дела́? Михаи́л, вы уже́ купи́ли но́вую
маши́ну? А э́то ваш сын? Прия́тно познако́миться!

Али́са: Ви́ктор, ка́жется, вы о́чень ра́ды!

Ви́ктор Тро́ицкий: Э́то пра́вда! Посмотри́те
на мою́ колле́кцию. Так мно́го люде́й пришло́
на откры́тие! Мне ка́жется, у мое́й колле́кции
начала́сь втора́я жизнь! Кста́ти... Я хочу́ вас
познако́мить с одни́м челове́ком. Э́то Ю́лия,
дире́ктор галере́и.

Ю́лия: Здра́вствуйте!

Ви́ктор Тро́ицкий: Ю́лия, я хочу́ познако́мить вас с
одни́м из лу́чших экспе́ртов по ру́сскому иску́сству.
Э́то Ната́ша, о кото́рой я вам говори́л.

Ната́ша: Ю́лия, о́чень прия́тно! Для меня́ э́то
честь. Я чита́ла все ва́ши интервью́ и статьи́ о
музеоло́гии.

Ю́лия: Для меня́ э́то не сюрпри́з. Ви́ктор рассказа́л
мне о ва́шем профессионали́зме и о то́м, что вы
о́чень хорошо́ и мно́го рабо́таете.

Ната́ша: Я не уве́рена, что э́то пра́вда...

Юлия: Я то́чно зна́ю, что э́то пра́вда. В ва́шем университе́те мне сказа́ли, что вы бы́ли лу́чшей студе́нткой на ва́шем ку́рсе!

Ната́ша: Вы звони́ли в мой университе́т?

Юлия: Коне́чно! Я не могу́ взять на рабо́ту кура́тора, е́сли не зна́ю, как он учи́лся в университе́те. А вы учи́лись про́сто отли́чно!

Ната́ша: Я – ваш но́вый кура́тор?! Здесь, в Третьяко́вской галере́е?!

Юлия: Коне́чно! Никто́ не смо́жет забо́титься о на́шем но́вом за́ле так хорошо́, как вы.

Но́вые слова́

предложе́ние offer
Для меня́ э́то честь It's an honour for me
забо́титься to take care of
но́вый кура́тор new curator

97. ВТОРО́Е ПРЕДЛОЖЕ́НИЕ

Ната́ша абсолю́тно сча́стлива: э́то рабо́та её мечты́! Али́са то́же ра́да и обнима́ет её.

Али́са: Ната́ша, я так ра́да! Э́то зна́чит, мы бу́дем жить в Москве́! Мы мо́жем найти́ кварти́ру недалеко́ от Изма́йловского ры́нка. Ка́жется, мы о́чень хорошо́ зна́ем э́тот райо́н!

Ви́ктор Тро́ицкий: Али́са, вы уже́ реши́ли, что бу́дете де́лать в Москве́?

Али́са: Коне́чно. Я бу́ду писа́ть, как всегда́! Я хочу́ написа́ть исто́рию об э́том ограбле́нии. Мне ка́жется, я смогу́ написа́ть отли́чный детекти́в о то́м, что случи́лось.

Ви́ктор Тро́ицкий: Я рад, что вы э́то сказа́ли. Не́сколько дней наза́д я позвони́л своему́ хоро́шему дру́гу Дми́трию Доро́нину, кото́рый рабо́тает в компа́нии «А́стрель». Мо́жет быть, вы слы́шали э́то назва́ние.

Али́са: «А́стрель»?! Коне́чно, я их обожа́ю! Я чита́ла все детекти́вные рома́ны, кото́рые они́ опубликова́ли!

Ви́ктор Тро́ицкий: Да, «А́стрель» публику́ет лу́чшие детекти́вы. Дми́трий – мой о́чень хоро́ший друг. Я рассказа́л ему́ об ограбле́нии, и он сказа́л, что э́то отли́чная иде́я для кни́ги. Но есть одна́ пробле́ма…

Али́са: Кака́я?

Ви́ктор Тро́ицкий: Мы не зна́ем никого́, кто мо́жет написа́ть хоро́шую исто́рию… Нам ну́жен тала́нтливый писа́тель детекти́вных рома́нов, кото́рый зна́ет все дета́ли э́того ограбле́ния… Подожди́те! Мне ка́жется, вы идеа́льный кандида́т.

Али́са: Вы серьёзно?! Вы хоти́те, что́бы я написа́ла рома́н, кото́рый опублику́ет «А́стрель»? Э́то моя́ мечта́!

Ви́ктор Тро́ицкий: Я рад э́то слы́шать, потому́ что у них уже́ есть контра́кт для вас. Вам ну́жно то́лько его́ подписа́ть. Дми́трий бу́дет ждать вас за́втра в о́фисе в 10 часо́в у́тра.

Ната́ша: АЛИ́СА, АЛИ́СА! Всё хорошо́? Ка́жется, она́ потеря́ла созна́ние!

Но́вые слова́

обнима́ть to hug
публикова́ть / опубликова́ть to publish
мечта́ dream
подписа́ть to sign
потеря́ть созна́ние to lose consciousness, to faint

98. ТОСТ ВИКТОРА ТРОИЦКОГО

Алиса быстро приходит в себя. Она не может поверить, что получила контракт мечты. Наташе и Алисе кажется, что они во сне. Виктор Троицкий поднимает бокал, и все смотрят на него.

Виктор Троицкий: Друзья, коллеги. Я хочу предложить тост. Сначала я хочу сказать тост за искусство. Много лет эти произведения искусства приносили мне счастье. Но теперь я рад видеть, что они приносят счастье каждому, кто приходит в Третьяковскую галерею. Большое спасибо Юлии, которая открыла двери галереи для моей коллекции и нашла такой прекрасный зал для неё. А самое главное – спасибо тем, без кого эти оригиналы картин Ильи Репина могли исчезнуть навсегда... Николай, Михаил, Алиса и Наташа, спасибо вам! За вас!

Новые слова

приходить в себя to recover
во сне in a dream
поднимать бокал to raise a glass
приносить счастье to bring happiness
самое главное the most important
За вас! For you!

99. КА́РТА

Го́сти крича́т «За вас!», аплоди́руют и пьют шампа́нское. Ната́ша и Али́са то́же поднима́ют бока́лы за свою́ но́вую жизнь в Москве́. Они́ говоря́т о свои́х иде́ях и пла́нах, когда́ к ним подхо́дит официа́нт и даёт им письмо́.

Официа́нт: Вы Али́са и Ната́ша? У меня́ для вас письмо́.

Ната́ша: Что э́то? Что в э́том письме́?

Али́са: О́чень интере́сно! «Иди́те по ка́рте до ко́мнаты со зна́ком Х». Здесь план музе́я и зна́ки, кото́рые пока́зывают доро́гу до ма́ленькой ко́мнаты со зна́ком Х.

Ната́ша: Ну, что ду́маешь? Ты гото́ва к но́вой зага́дочной исто́рии? Гото́ва реша́ть но́вые зага́дки?

Али́са: Я не ду́маю, что э́то но́вая зага́дка... Мне ка́жется, я зна́ю, кого́ мы там встре́тим!

Ната́ша: Тогда́ идём!

Михаи́л: Куда́ вы идёте?

Али́са: Мы ско́ро вернёмся.

Михаи́л: Бу́дьте осторо́жны! Меня́ не бу́дет ря́дом, и я не смогу́ вас спасти́.

Али́са: Не волну́йтесь!

Новые слова

подходи́ть to approach
знак sign
пока́зывать to show
Не волну́йтесь! Do not worry!

100. ОСО́БЕННОЕ ПРИГЛАШЕ́НИЕ

Али́са и Ната́ша иду́т по ка́рте, кото́рую они́ уви́дели в письме́. Они́ иду́т вверх, пото́м напра́во, открыва́ют пе́рвую дверь сле́ва и иду́т вниз по ле́стнице в ма́ленькую ко́мнату.

Ната́ша: Это челове́к в шля́пе!

Марк: Мо́жете называ́ть меня́ Марк, э́то моё и́мя!

Али́са: Здра́вствуйте, Марк. Я ра́да, что мы встре́тились ещё раз.

Марк: Я не хоте́л меша́ть вам весели́ться, но я хочу́ поздра́вить вас с тем, что вы реши́ли э́ту зага́дку и получи́ли но́вую рабо́ту!

Ната́ша: Отку́да вы об э́том зна́ете?

Марк: В «Истори́ческом клу́бе» зна́ют мно́го веще́й обо́ всём... Кста́ти, о клу́бе: я хочу́ дать вам э́то.

Али́са: Что э́то?

Марк: Вы мо́жете откры́ть э́ти конве́рты. Внутри́ вы уви́дите приглаше́ния в «Истори́ческий клуб».

Ната́ша: Марк, э́то честь для нас!

Али́са: Это зна́чит, мы мо́жем помога́ть вам реша́ть зага́дки?

Марк: Да, э́то так! Вы полу́чите от нас письмо́, когда́ нам бу́дет нужна́ ва́ша по́мощь. Вам э́то интере́сно?

Али́са и Ната́ша: Коне́чно!

Марк: Я о́чень рад. А сейча́с вам пора́ на вечери́нку, ва́ши друзья́ ждут вас. И по́мните: никому́ не говори́те об «Истори́ческом клу́бе»! Э́то секре́т.

Новые слова

приглаше́ние invitation
весели́ться to have fun
поздра́вить to congratulate
конве́рт envelope
честь honour
вечери́нка party

101. ЕЩЁ ОДИН ЗВОНОК

Когда́ Али́са и Ната́ша возвраща́ются на вечери́нку, к ним бежи́т Никола́й Комаро́в.

Никола́й Комаро́в: Где́ вы бы́ли? Нам то́лько что позвони́ли... Э́то о́чень ва́жно!

Али́са: Что случи́лось? Всё хорошо́?

Никола́й Комаро́в: Да, всё хорошо́. Про́сто... Оди́н челове́к хо́чет ли́чно сказа́ть вам спаси́бо за то, что вы спасли́ карти́ны Ре́пина.

Ната́ша: Но кто э́то? Все уже́ поздра́вили нас.

Никола́й Комаро́в: Нет, ещё не все... Президе́нт ждёт вас в Кремле́!

Новые слова

звоно́к call
возвраща́ться to come back
бежа́ть to run
ли́чно in person
Кремль Kremlin, the official residence of the President of Russia

КОНЕЦ

THANKS FOR READING!

I hope you have enjoyed this book and that your language skills have improved as a result!

A lot of hard work went into creating this book, and if you would like to support me, the best way to do so would be to leave an honest review of the book on the store where you made your purchase.

Want to get in touch? I love hearing from readers. Reach out to me any time at *olly@storylearning.com*

To your success,

Olly Richards

MORE FROM OLLY

If you have enjoyed this book, you will love all the other free language learning content I publish each week on my blog and podcast: *StoryLearning*.

Blog: Study hacks and mind tools for independent language learners.

www.storylearning.com

Podcast: I answer your language learning questions twice a week on the podcast.

www.storylearning.com/itunes

YouTube: Videos, case studies, and language learning experiments.

https://www.youtube.com/ollyrichards

COURSES FROM OLLY RICHARDS

If you've enjoyed this book, you may be interested in Olly Richards' complete range of language courses, which employ his StoryLearning® method to help you reach fluency in your target language.

Critically acclaimed and popular among students, Olly's courses are available in multiple languages and for learners at different levels, from complete beginner to intermediate and advanced.

To find out more about these courses, follow the link below and select "Courses" from the menu bar:

https://storylearning.com/courses

"Olly's language-learning insights are right in line with the best of what we know from neuroscience and cognitive psychology about how to learn effectively. I love his work!"

Dr. Barbara Oakley,
Bestselling Author of "A Mind for Numbers"

Lightning Source UK Ltd.
Milton Keynes UK
UKHW040757191222
414157UK00002B/317